JN078113

リアルでもオンラインでも選ばれて稼ぐ!

お菓子・パン・料理教室の つくり方

オーはらみかこ

同文舘出版

夢をあきらめず、
挑戦できる！

「好き」「得意」が お菓子・パン・ 料理教室をはじめる 唯一の資格！

教室の先生は、

① 好きなことができる
② 喜んでもらえる
③ お金がもらえる
④ 感謝される
⑤ 尊敬される

素晴らしい仕事！
いつでも仕事をはじめることができて、
定年もありません！

都心や駅チカに教室がなくても、
どこに住んでいても、
オンラインで
お客さまを集められる
時代になりました。

人気教室の
豊富な事例で
お伝えします！

自分に合った 教室スタイルを見つけよう！ 7つの教室スタイルを紹介！

1 | 自宅対面形式の教室

自宅のキッチンを料理教室として活用する
定番のスタイル。
「教室として活用する空間」と
「プライベートな空間」の切り替えがポイント。

▶▶ 60ページへ

2 | オンラインの教室

今、生徒さんに求められている教室スタイル！
コロナ禍で一気に増えたオンラインレッスン。
遠くて通えなかったレッスンにもオンラインなら通える！
生徒さんの喜びの声が増えています。

▶▶ 68ページへ

3 | レンタルスペース・キッチンでの教室

広い会場なら一度にたくさんの生徒さんを呼べる。
駅チカなどの便利な場所のスタジオを借りれば集客に有利。
素敵な空間のスタジオを借りて、
自分も生徒さんもテンションアップ！

▶▶ 80ページへ

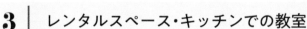

4 | 自分のアトリエ・スタジオでの教室

自分だけの好きな空間をつくれる！
ブランドイメージアップ！
大きな費用がかかる場合が多いけれど、
食品営業許可の取得などで、
販売面での収入が増やせる。

▶▶86ページへ

5 | 店舗(飲食店)での教室

「プロのレッスンを受けられる」
「お店の人気メニューを習える」と人気の教室。
生徒さんに材料を販売することもでき、収入源アップ！

▶▶100ページへ

6 | 動画販売・レッスンサブスクの教室

コロナ禍で定着してきたレッスンスタイル。
いつでも好きなときに何度でも受講できる
スタイルが大人気！
レッスンサブスクにすれば、毎月受講料が入る。

▶▶110ページへ

7 | 実技なし、理論のみの教室

座学で化学や栄養について学ぶ講座。
自分の専門分野の知識をじっくり伝えることが
できるスタイル。
生徒さんの「学びたい」欲に応えます。

▶▶120ページへ

しっかり準備して
スタートしよう！

ずっと通いたい
教室になる！
教室運営のポイント

 生徒さんに「これは私のためのレッスンだ！」
と思われる教室になる

▶▶ タイトルとキャッチコピーで、
　　ターゲットの「記憶に残る」先生に！

▶▶ 写真撮影に妥協せず、ビジュアルでも心をつかむ！

 SNSでお客さまを集める！

▶▶「潜在顧客→ファン→見込み客」の3ステップで
　　生徒さんを育てよう

確実にリピーターをつくる
「コースレッスン」をつくろう！

▶▶ 参加のハードルが低い体験レッスンが重要！

▶▶ 説得力のあるレッスンパンフレットで「自分事」にする

本書とともに
人気教室をつくりましょう！

「教室を開いたものの、生徒さんは友だちばかり」
「レッスン料の割に材料費が高すぎて、ほとんど利益が出ない」
「SNSで集客をしても反応がなく、レッスンの予約が入らない」
「夫には仕事と認めてもらえず、趣味だと思われている」

　教室業をやっている人なら、このような悩みを持つ人は多いでしょう。
　私もそうでした。
　数年前、あるパン教室の先生が**「教室業は、売上の割に原価率が高いから、そもそも稼げないビジネスなんですよ」**と言われていたことがありました。当時の私は「本当にそうだなぁ」と、その先生の話に深くうなずいたものです。

　でも、安心してください。
　教室業でもしっかりと稼ぐ方法はあります。
　実際に私がやってきた具体策をお教えしたことで、この2年で**たくさんの教室業の先生が月商100万円以上を達成**されています。それ以外の先生たちも、50万円、60万円と、**これまでの仕事で手にしていた以上の収入を得ています**。その方法を、教室業で夢をかなえたいあなたにお伝えするために、私は本書を書くことにしました。
　本書でお伝えする内容は、「**一部の人にしかできない**」というものではありません。それを理解していただくために、まずは私の教室がどんなお菓子教室だったのかをお話ししたいと思います。

「大好きなお菓子づくりを仕事にしよう！」と決めて、教室のホームページを立ち上げたのが今から9年前の2013年。新しいレシピを紹介

するページを毎月更新し続けましたが、**ひとりもレッスンへのお申し込みがない状態が1年間続きました。**

「世の中のお菓子教室はどうやって生徒さんを集めているの？　私のような実績も知名度もない教室には誰も来てくれないのかな……」

友達に声をかける勇気もなかった私は、教室開業に向けて一歩も進めない状態でさらに3ヶ月を見送りました。

「生徒さんがひとりも来ないまま、終わってしまうのかな……」と、教室開業への夢を心のどこかであきらめかけている私がいたのも事実です。

会社員を辞めて、アメリカンスイーツを学ぶために渡米して本場のディプロマ（資格）を取得し、40歳からパティシエ修業にチャレンジしてずっと準備してきたのに、私には無理なのかも……と思うようになってきました。

ところが、その後まもなく、思いがけないチャンスが訪れました。

見かねた母が、友人に声をかけてくれて、その紹介から区の母子会が主催する「母と子のイベントレッスン」でクッキーレッスンを担当させていただくことができたのです。思っていた形とは違っていたものの、**お菓子教室の先生としてなんとかデビューできた瞬間**です。

その後の生徒獲得にはつながりませんでしたが、1回はレッスン開催の経験を得ることができました。そこから私は、少し前向きな気持ちでインターネットでの集客をもう一度頑張ってみることにしたのです。

すると、これまで気づかなかった**「料理教室募集」**という広告が目に留まりました。それは、料理教室を有料で紹介してくれるサイトの広告でした。手数料はレッスン料の20～35％と割高でしたが、自分

で集客ができない私は、この広告に飛びつきました。

「料理教室を探している人が見に来るサイトだから、きっとすごく集客できるはず！」

しかし、そんな私の考えは甘く、**サイトにアップしただけで簡単に集客できるはずはありません**。仕方がないので、勇気を出して友達に声をかけ、格安でレッスンを受けてもらい、そのサイトにクチコミを書いてもらいました。

予約する生徒さんの側も、知らない教室に予約するのは不安なので、**「クチコミが多い教室ほど予約が入りやすいのでは？」**と考えたのです。

来てくれた生徒さんには勇気を出してクチコミをお願いしたり、「文章を書くのが苦手」と言われたら、クチコミの代筆をして、投稿だけお願いしてでも、クチコミを少しずつ増やしていきました。

２年間かかりましたが、努力の甲斐あって、そのサイトでは**「日本一クチコミの多い教室」**になることができました。200件以上の教室が登録しているサイトの中で、クチコミ件数ではナンバーワンを取ることができたのです。

クチコミ数の多さで、私の教室は少しずつ注目してもらえるようになってきました。そして、とうとう**「新しいレッスンの募集をスタートすれば、一時間以内に満席になる」**、そんな人気教室の仲間入りをしたのです。

しかし、私にとっては、**人気教室になってからが、本当に苦しい日々のはじまり**でした。

「一瞬で満席になる教室」なのですが、レッスン料後払いシステムの教室だったので、10人くらいの生徒さんは「仮押さえ」のつもりで予約をされていました。レッスン開始一週間ぐらい前になると、一気に10人ほどのキャンセルが来る……ということが、毎月続いていまし

た。

　空席が出るたびに再募集をして、なんとか満席まで埋めて、その数分後にはまたキャンセルが出てがっかり……という毎日でした。

　お菓子の材料は通販で取り寄せるものも多く、レッスン開始一週間前には道具や材料の在庫を抱えています。キャンセルが多いと在庫がはけず、利用できないまま賞味期限を迎えてしまう食材も出てきてしまいます。お菓子の材料なので、毎日の献立に使うこともできず、冷蔵庫いっぱいになった材料を泣く泣く処分することもありました。

　「仮押さえはやめてください。受講する前提でご予約ください」とお願いしても「予定が入ったんだから仕方がないでしょう！」と逆に怒られて、次からはその生徒さんからの予約がなくなる……ということもありました。

　そんなときは「本当に生徒さんの心をつかめるような人気教室だったなら、きっとキャンセルなんてされない……。こんな思いはしなくて済んだのに……」と惨めな気持ちでいっぱいでした。

　それからは、**「キャンセルが入っても大丈夫なように、ひとりでも多くキャンセル待ちをしてもらえるような教室になろう！」**ということが私の目標になりました。

　私は「黙っていても生徒さんが集まる人気の先生」ではありませんでした。そんな人気の先生は世の中にほんのひと握りだと思います。少なくとも私は会ったことがありません。どんなに人気教室になっても、多くは**「今月は集客できるかな？」「どうやって満席にしたらいいのかな？」**と努力して、一定のプレッシャーや不安を感じながら集客をしています。

　私自身も、ブログを必死に書いてレッスンの魅力を伝えたり、レッスン内容の充実のために毎回２〜３種類のお菓子を教えたり、ティータイムの手づくりデザートを工夫し、計量も洗い物も全部こちらで負

担するなど、**生徒さんに喜んでもらうための努力**をしました。その甲斐あって、キャンセル待ちも増え、キャンセルが出ても、レッスン開催日までにはなんとか満席にできる状態になっていきました。

　毎月50人、70人と集客できる教室になっていきましたが、**生徒さんが増えれば増えるほど、毎月の集客に加えて、さらに別の苦しみを味わう**ことになりました。

　ひとり生徒さんが増えるとその分作業が増えます。

　ティータイムのデザートも手づくりなので、その都度数時間かけて焼いたり、準備しなければなりません。このデザートは私の教室の目玉のひとつで、手を抜くことはできませんでした。このデザートづくりと下ごしらえが特につらかった仕事です。

　皆さんにもおわかりいただけると思いますが、食材の寿命は短いものです。しかも、お菓子は乾燥に弱く、果物は冷凍できません。おいしく召し上がっていただくためには、前日または当日につくる必要があります。

　教室をやっていた時代の私は朝4時に起き、レッスンの下ごしらえをはじめていました。もちろん前日はデザートづくりで、果物などのレッスン材料の買い物や、家事やその他の仕事もやりながらだったので、**夜中の0時になっても終わらないこともしばしば**でした。

　生徒さんがたくさん来てくださるので、定員4名の教室では回転数を上げないことにはすべての生徒さんをお迎えできず、1日2回転のレッスンを開催していました。

　午前のレッスンから午後のレッスンまでの1時間半のインターバルはまるで戦場のようで、2回のレッスンが終わる夕方5時すぎには洗い物にも手をつけられず、**ぐったりとソファーに倒れ込んでいました**。ときには、体調を崩して夜中に救急病院に運ばれ、点滴を受けてから自宅に帰り、翌日のレッスンのために午前4時までケーキを焼く

……ということもありました。

　好きだからこそ、続けられていた仕事ですが、だんだん**「何のためにやっているんだろう？」**という気持ちが大きくなっていきました。

　当時のレッスン単価は5,000円、70人来てくださったら、売上は35万円ありますが、料理教室サイトのロイヤリティや材料費、その他経費を差し引くと、**手元に残る利益は半分を下回る16万円ほどになってしまうのです。**その上に身体を壊して治療費も払わなければならないとすると……、本当に何のためにやっているんだかわかりません。

　さすがの私も、**「このままだったら、いくら好きでもこの仕事を続ける価値はない」**と本気で思いはじめていました。

　お菓子教室を究極まで頑張るとこのような状態になるなんて、失望しかありませんね。

　「集客できなくて趣味でやっていると思われる教室か？」「人気教室なのに大変なだけでほとんど稼げない教室か？」

　この二択しかない上に、多くの人からは「しょせん趣味に毛の生えたような仕事」と軽く見られる教室業。

　「こんな状態は我慢できない！　自宅お菓子教室でなんとか稼いでやる！　ほとんどの人ができない……月商100万円になってやる！」

　そんな決意を胸に持ち、私は教室の集客や運営について学ぶことにしました。

　「私、将来はお菓子教室で月商100万円やりたいと思ってるんです！」

　誰に言っても**「本気でできると思ってるの？」**という反応でした。友達からははっきりとは言われませんでしたが、**夢物語**だと思われているようでした。しかし、結果として私は自宅の小さなお菓子教室で**月商100万円を達成する**ことができました。

その方法は本書の中であますところなくお伝えしますが、**私がはじめにお伝えしたいことは、「私にパティシエとしての高い技術があったわけでも、幸運に恵まれていたわけでもなかった」**ということです。

そんな私でも
①商品のつくり方を考える
②売り方を変える
③オンラインを有効活用する
これだけで月商100万円以上を達成することができたのです。
「これは、ぜひ教室の集客に悩んでいるすべての人に伝えなければならない！」。そんな思いから、私はお菓子教室をやめ、「花開くアカデミー」を設立しました。「花開くアカデミー」は、**「女性が自分のやりたい仕事で、自分の能力や魅力を開花させ事業として成功させる」**ことをサポートする WEB ビジネススクールです。

1年間集客ゼロだった私が、今やビジネススクールの校長になっているのです。当時の私が知ったらびっくりですね！

2020年の初夏、私がまだ個人で教室の先生たちに集客を教えていたとき、**「月商100万円できるやり方を教えます。チャレンジしたい人はいますか？」**と、当時の生徒さんに声をかけてみました。

すると、8人が「チャレンジしたいです」と名乗りを上げました。8人の中には、月商5万円にも満たないような人もいました。さすがの私も、月商100万円はまだまだ遠いだろうなと思っていました。

しかし、予想に反して、**3ヶ月後には8人中6人が月商100万円を達成することができたのです！ 残る2人も、月商50万円以上の実績です。これは、私がやってきた方法が「誰にでも通用する」と証明できた瞬間**でもありました。

その年の秋には、さきがけとなってくれた8人のチャレンジャーに

続き、多くの生徒さんが月商100万円にチャレンジしました。そして、80％の生徒さんが見事月商100万円を達成しました。

　教室業で月商100万円は、やろうと思えば誰にでもできるのです。

　しかし、「100万円がゴールではない」と私は思っています。100万円を達成したという経験と自信を武器にして、今度は**本当の自分の夢**に向かっていくのです。私はそんな目標を達成した女性のキラキラ輝く姿が見たくて、何度でも達成の喜びを分かち合いたくて、この仕事をしています。

「教室業は稼げない」というのは大いなる誤解です。

「教室業は大いに稼げる」のです。

　本書では「花開くアカデミー」で生徒さんたちが1年間に学ぶ、月商100万円達成のためのノウハウを1冊にしてお届けします。ぜひお受け取りください。

　毎月の集客の悩みから解放され、「事業として成功している」と自他ともに認められる、理想の教室の先生になってください。

　本書があなたの夢をかなえる一助となることを、祈り信じております。

2章 7つの教室スタイルとつくり方

3章 選ばれる対面レッスンの教室づくり

4章 選ばれるオンラインレッスンの教室づくり

5章 失敗しない売り方と見せ方

終章 あなたのスタイルでつくる ずっと愛される成功教室

おわりに

SpecialThanks

装丁・本文デザイン　ホリウチミホ（ニクスインク）
イラスト　pai

序 章

自分の
好きなことで
教室をはじめよう！

Lesson 1

お菓子・パン・料理教室の先生ってどんな仕事？

料理教室を開業するための資格とは？

　本書を手に取った方の中には、「お店で買ったような素敵なお菓子やふわふわのパン、おいしい料理がつくれるようになって、自分はもちろん、家族にも喜んでもらえた」という経験がある方も多いのではないでしょうか？

　そんなあなたの「好き」を活かす料理教室を開催するために、**資格は必要ありません**（販売する場合は許可が必要です）。

　あなたが、料理をつくることが好きで得意なら、それで誰かに喜んでもらいたいという気持ちがあるなら、**その気持ちが教室をはじめる唯一の「資格」**と言えるかもしれません。

教室の先生は素晴らしい仕事

　私が「教室の先生」という職業が素晴らしい仕事だと思う理由をお伝えします。

　それは自分の好きなことで、人に喜んでもらえて、お金をいただけて、さらに先生として尊敬してもらえて、「ありがとう」と言われる仕事だからです。

　①好きなことができる、②喜んでもらえる、③お金がもらえる、④感謝される、⑤尊敬される。この5つが揃った職業がほかにどれほどありますか？

　「私のママはお教室の先生なの！」と、お子さんが誇りに思ってくれるような素晴らしい仕事、それが教室の先生なのです。

「教室の先生」は素晴らしい仕事

好きなことが
できる

喜んで
もらえる

尊敬される

お金が
もらえる

感謝される

「好き」「得意」が
その仕事をはじめる
唯一の資格！

「教室の先生」は
あなたの夢をかなえる仕事

▌教室の先生の働き方は自由自在

　教室の先生には「何歳以上でなければならない」とか、「何歳まででなければならない」という年齢の縛りはありません。

　いつでも仕事をはじめることができて、定年もありませんから、いつまででも続けることができます。月に何回レッスンを開催して、何人の生徒さんにお越しいただくかも自由です。

▌夢ややりたいことをあきらめなくてもいい

「将来、パティシエとして働きたい」と思って、専門学校を卒業し、無事パティシエとして就職できたとしても、**様々な理由で退職せざるを得ない人**はたくさんいます。パティシエは体力勝負の仕事。拘束時間も長く、過酷な条件で働いている人も少なくありません。そのことから、家庭を持ったり、子どもが生まれたり、年齢を重ねて体力が低下すると続けられなくなってしまうのです。

　しかし、そんな方も、お菓子教室の先生になれば、パティシエとしての知識や技術を活かし、生徒さんに喜んでいただくことができます。「私のスイーツでお客さまを笑顔に！」という夢をあきらめなくてもよくなるのです。

　お菓子教室の先生には、レッスンで収入を得ながら、自分のペースでお菓子の製造販売をされている方もおられます。あなたの夢ややりたいことをあきらめる必要はなく、**むしろ実現できる**のが「教室の先生」という仕事なのです。

あなたの夢をかなえることができる！

若い頃は夢だった
パティシエとして
働いていたけど……

生活環境が変わって
辞めてしまった……

今は教室の先生として
パティシエの技術を活かして
仕事ができている！
夢がかなった！

夢をあきらめず、再挑戦することができるのが
お菓子・パン・料理教室の先生

大きく変わっている!?
教室業の実態

▌ もはやレッスン会場は必要ない？

コロナ禍に入ってから「リモートビジネス」が普及し、会社によっては通勤の必要もなくなりました。「巣ごもり需要」とか、「おうち○○」という言葉も流行し、**自宅で楽しめるサービス**が注目され、人気となりましたね。自宅でテントを張ってキャンプを楽しむなんて、ひと昔前には考えられなかったレジャーのスタイルも生まれました。

同じく教室業でも、生徒さんが教室に足を運ぶ必要がない「オンラインレッスン」というものが一気に普及したのです。

▌ どこにいてもはじめられて、**開業資金も必要ないビジネス**

今や教室業は、パソコンが1台あれば、あるいはタブレットやスマホがあれば、どこででもはじめられるビジネスになりました。

たとえば「製菓理論座学講座」というレッスンであれば、お菓子もつくりませんから、道具も材料もいらないということになります。「自宅で学べる専門学校」というコンセプトの、座学のみのお菓子教室で、毎月ちゃんと収入を得ている先生もいます。パティシエを辞めてしまったとしても、**製菓学校で学んだ知識をこんなふうに活かすこともできるのです。**ロンドンで暮らしながら日本の生徒さんにレッスンを開催している先生もいます。

数年前と違い、**都心や駅チカに教室がなくても、どこに住んでいても、オンラインで生徒さんを集められる時代**になったのです。

コロナをきっかけにオンラインレッスンが増加！

お菓子・パン・料理教室が
都市部や駅チカ、繁華街にばかり
集中していたのは
もはや**過去の話。**

今や**どこで**レッスンを開催しようとも
世界中の**どこからでも**
生徒さんが集まってくる！

Lesson

4

「準備ができたらはじめよう」ではなく、"はじめる"と決めて準備をしよう

■ 順序が逆だから、いつまで経ってもはじめられない

　会社に通勤する人が、きちんと時間通りに出勤できているのは、朝起きて、出勤時刻に間に合うように準備するからですよね。

　これは「○時に会社に出勤しなければならない」ということが決まっているからです。

　時間を決めず「準備ができたら会社へ行こう」と思っていると、出勤できるのはいつになるやらわかりません。

　教室開業もそれと同じで、「○○までに開業する」と決めておかないといつまで経っても準備が進みません。

　最悪、一生開業できないという可能性もあります。

■ 仕事は未来から考える

「○年○月○日に教室をオープンする」と決めれば、「その○ヶ月前には生徒さんを募集しなければならない」、さらに「募集の○ヶ月前までにはレッスンメニューを決めて、写真を撮っておかなければならない」など、仕事は未来からどんどん現在に降りてきます。

　そして、「今やらなければならないこと」が明確になります。

　そうなって初めて、人は行動をスタートします。

　あなたが本気で教室を開業したいなら、まずは「開業日」を決めて、そこから現在に仕事を降ろしていきましょう。

仕事は未来から現在に降ろすもの

未来

来年1月
教室をスタートする

今年12月
レシピの完成・道具や材料の調達

今年11月
生徒募集

今年8〜11月
開業告知・宣伝
設備やシステムの準備

今年7月
SNSの開始

やるべきことが
見えてくる！

今年6月（現在）
教室コンセプトづくり

現在

「教室をはじめたい」と思ったら最初にすべきことは？

▌ まずは自分の能力ややりたいことをすべて書き出そう！

人気教室になることを目指すなら、きちんと生徒さんを集められる教室にすることが大切です。

そのためには「自分には何ができるのか？（資格やキャリアなど）」「自分は何をしたいのか？」ということを全部書き出して、それらを材料にして、他の教室に負けないだけの魅力のある教室を考える必要があります。

あなただけの「強み」や「売り」を見つけて、あなた独自の魅力のある教室をつくりましょう。

「何をしたいのか？」を書き出す理由は2つあります。

1つは、好きなことこそ頑張れるから。もう1つは、そもそも好きで選んだ仕事ですから、やりたくないことをあえてする必要はなく、やりたいことで仕事をつくり上げたいと考えるからです。

▌ それぞれ20個以上！　できるだけ多く書き出そう！

「20個も書けません！」と生徒さんにはよく言われますが、それは「こんな些細なことは能力とは言えない」という先入観があるからです。

その先入観こそが、あなたを人気教室から遠ざけている可能性があります。自分では気づかない強みがあなたの中には埋もれています。

それを発掘するためにも、とにかくたくさん書き出してみる！　これに尽きるのです。

あなたの「強み」と「売り」の材料を書き出してみよう！

例

私にできること（資格・キャリア・特技）

1	○○スクール認定講師資格	11	絵を描くのが得意（中高美術部、油彩・アクリル）
2	○○デコレーションケーキインストラクター2級	12	ネイルアートが得意（趣味）
3	○○フルーツカッティング教室インストラクター	13	犬の形の置物をつくるのが得意（オーブン陶芸）
4	○○調理師専門学校製菓コース卒業	14	エクセルで表をつくったりグラフをつくったりできる
5	パティスリーでの勤務経験3年	15	レシピ動画をつくって料理動画サイトに20個ほど投稿している
6	カフェ・ケーキショップ食べ歩き500軒以上	16	スマホで料理写真を撮るのが上手
7	アメリカへの留学経験1年	17	アプリを使って写真加工ができる
8	ホストファミリーから習ったアメリカのお菓子がつくれる	18	離乳食のレシピをつくったことがある（知人に頼まれて）
9	キャンプ飯が得意（スイーツもつくれる）	19	時短料理が得意。1品10分以内につくれる
10	カフェでデザートの盛り付けを担当していた　2年半	20	おいしい果物が選べる（目利き）

私がやりたいこと・好きなこと

1	デコレーションケーキのレッスン	11	犬が大好き！（3匹と暮らしている）
2	フルーツカットのレッスン	12	キャンプ（月に1回は家族と行っている）
3	アメリカンスイーツのレッスン	13	料理番組を見る
4	キャンプ飯のレッスン	14	レシピ本を買って読む（つくる）
5	盛り付けのレッスン	15	カフェ・ケーキショップでの食べ歩き（目標1000軒）
6	キャラクターケーキのレッスン	16	フランス旅行（フランス菓子食べ歩きの旅）
7	ケーキを食べられるカフェを併設したお菓子教室	17	静物を描く。動物のスケッチ
8	オンラインレッスン（3〜4名）	18	一眼レフを買って写真教室で勉強する
9	対面でのレッスン（3〜4名）	19	フォトショップで画像を自由自在に編集できるようになる
10	コースレッスン（半年〜1年）	20	ネイルアート（手にはできないので足に……）

あなたの資格や経験や特技、好きなことはすべて「強み」と「売り」の材料になる可能性があります。
「絵を描くのが得意」なら「似顔絵ケーキ」のレッスンができるかもしれません。「犬が大好き」で犬用ケーキづくりを仕事にして大人気になった先生もいます。
これらの表に出てきた材料を組み合わせて、あなただけの魅力ある教室をつくりましょう。

人気教室になるための
"たったひとつの条件"

▌ あなたの教室は誰のための教室ですか？

「自分がやりたいレッスンをやりたいようにやる」という自分中心の教室に、果たして生徒さんは集まってくれるでしょうか？

あなたが生徒さんなら、何よりも生徒さんの幸せや喜びを一番に考えてくれる先生から習いたいと思うでしょう。

あなたの教室はあなたのものですが、生徒さんのためのものでもあるのです。

▌ 生徒さんに喜んでもらうことを第一に考える

開業前にあなたが「どんな教室にしよう？」と考えたとき、「私には○○の資格があるから、○○を教える教室にしよう」と決めたとします。実はそれは人気教室になるための選択ではありません。なぜなら、それはあなたの都合でつくった教室ということになるからです。

「○○を習いたい人ってどんな人なんだろう？」「その人は○○の技術を使って何をしたいんだろう？　どうなりたいんだろう？」ということを考えて、それが、その生徒さんにとって一番望む形で手に入る教室をつくるようにします。

そうすれば、その生徒さんは他の教室ではなくあなたの教室を選んでくれるようになります。

「どんなときも生徒さんの幸せを第一に考えること」が人気教室になれるたったひとつの条件なのです。

教室は生徒さんのためのものでもある

「私の生徒さん、あるいは将来私の生徒さんに
なってくれるターゲット」が

一番喜んでくれることは何？

> **私の生徒さんが一番喜んでくれる**のは、
> 失敗なく、簡単に、お店で買ったみたいな
> おいしくて見た目も素敵なハードパンが
> つくれるようになることね！
> 頑張ってそれができる教室をつくろう！

> ○○先生のレッスン
> はいつも楽しくて
> 理想のハードパンが焼けて
> **最高!!**

あなたの理想の教室＝ ゴールはどんな教室？

■ イメージだけでは理想の教室にはならない

「たくさんの生徒さんに喜んでもらえる教室にしたいです」

多くの先生がおっしゃる言葉です。では、「たくさんの生徒さん」とは、**何人の生徒さん**なのでしょう？　「喜んでもらえる教室」とは、どんな教室なのでしょう？

いつも生徒さんに囲まれてキラキラしている先生のイメージを描くのもよいですが、それだけでは漠然としていて、どうしたらそんな先生になれるのかもわかりません。

■ なりたい姿を数値化するとゴールが定められる

それでは、「たくさんの生徒さん」を**具体的な人数**にしてみましょう。月に20人でしょうか？　それとも50人でしょうか？

キラキラした先生になるために、**何が必要**か考えてみましょう。素敵なレッスン会場や食器、充実した設備、先生の魅力溢れる話術や技術、ファッションセンスでしょうか？

素敵な会場を準備したり、高級感ある食器で生徒さんにお料理をふるまうために、**いくらぐらいの費用**が必要でしょうか？

その費用を捻出するために、**いくらぐらいの売上**が必要でしょうか？

数字は**もっともわかりやすいゴール**になります。なりたい姿をぜひ数値化してゴールを定めてくださいね。

あなたの理想の教室＝ゴールを決めよう！

例を参考にして、下の表を埋めていきましょう。

ゴールはできるだけ数値化されていることが大切です。

「いつまでに理想の教室にするのか？」

期日を決めることも忘れてはいけないポイントです。

あなたの理想の教室は？		
	例	あなたの理想
月の生徒数	35 人	
月の売上	25 万円	
月の経費	7 万円	
月の収入	18 万円	
レッスンスタイル	自宅を改造したアトリエでの対面グループレッスン	
レッスン内容	植物性材料のみ使用のヘルシースイーツレッスン	
いつまでに理想の教室にするか？	○年○月○日	

理想の先生が
身近にいるという人は、
その先生の教室を**モデル**に
考えてみましょう

Lesson 8

「ひとりでやろう」と思わないで！協力者を増やす方法

▌ 仲間の協力で、ひとりではできないことが実現できる！

　私は自宅でお菓子教室を開業してから、３年間はひとりで集客をする日々が続いていましたが、時が経つにつれて、自分ひとりの知識と経験で仕事を続けることに限界を感じるようになりました。そこで思い切って、教室開業のための塾で勉強をすることにしたのです。

　そこで出会った先生はもちろん、一緒に勉強をしている仲間の皆さんまで、SNSで私の教室を紹介してくれました。

　そのおかげで、ひとりでは絶対に集められなかった100人以上のメルマガ登録者をわずか１週間で集めることができました。

　その読者さんから生徒さんになってくださる方が何人も現われて、私の教室は初めて月商100万円を達成することができたのです。

▌ どうすれば協力者に出会えるの？

　あなたの力になってくれる協力者に出会うには、同じように頑張っている同業者さんたちが集まっている場所に行くことが一番の近道です。私のように起業塾で学ぶのもいいですし、協会などに所属するのもいいでしょう。

　また、教室業の先生が集まるFacebookグループもたくさんあります。交流会を開催しているグループも多いので、参加してみるのもよいでしょう。お互いの教室を応援し合える協力者に出会える可能性は十分にあります。

協力し合える仲間を見つけよう

起業塾で学んだり、協会に所属したり……

起業スクール　　　　サロン起業協会　　　　集客塾

Facebookグループのようなコミュニティも！
協力し合える仲間づくりに有効です。

**自宅ですぐに開催できるオンライン
レッスンを学ぶ会**
🔒 プライベートグループ・メンバー121人

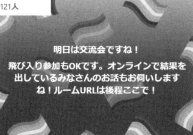

明日は交流会ですね！
飛び入り参加もOKです。オンラインで結果を
出しているみなさんのお話もお伺いします
ね！ルームURLは後程ここで！

私が主催していたFacebookグ
ループでは同業者さんが100人
以上集まり、情報交換をしたり、
交流会で話したりして応援し
合っていました。

1章

ゼロからはじめる
人気教室のつくり方

予約が入るレッスン・予約が入らないレッスンの特徴

▎「満席」と「予約ゼロ」の教室はここが違う

たくさんの教室の中には、毎回満席の人気教室もあれば、残念ながら毎回予約ゼロという教室もあります。人気教室と予約ゼロの教室のレッスン予約募集ページには「明らかな違い」がありました。

それは「メニュー写真の美しさ」です。

人気教室のメニュー写真はとてもきれいで、明らかにおいしそうに見えました。ひと目で「こんなのつくりたい！」と思ってしまうような写真だったのです。

それに対して予約ゼロの教室は、「暗くて色合いが悪い」「盛り付けやレイアウトのセンスがよくない」など、「写真の魅力で負けている」と感じるような教室が多いのです。

▎「よくわからない教室」は安心できない

予約の入らない教室は、レッスン紹介ページの情報量が少なすぎます。自分が受講する立場で考えてみましょう。

「つくるケーキのサイズや個数が書かれていない」「材料がわからないのでアレルギーが気になる」「オンラインレッスンと書いてあるけど、どうすれば受講できるのかわからない」

こんな理由で予約を躊躇することはありませんか？

また、「クチコミがまったくない教室」というのも予約が入りにくいものです。ショッピングサイトでレビューが少ない商品は何となく不安で購入を避けてしまうというのと同じ心理です。

満席になる教室の特徴

「写真の美しさ」は選ばれる教室の大きな条件

下2つのパウンドケーキの写真は、実際に私がレッスン集客に使っていた写真です。味はどちらもおいしいものでしたが、予約数には大きな違いがありました。写真の大切さがわかりますね。

集客ゼロだったときの
パウンドケーキ
レッスンの写真

毎回満席。
キャンセル待ちも
たくさんあったパウンド
ケーキレッスンの写真

クチコミ・レビューが少ないと予約が入りにくい

クチコミ・レビュー＝人気（ひとけ）

↓

人気（ひとけ）＝人気（にんき）

↓

人の気配が多いと **安心する**ので
予約が入りやすくなる

ゼロスタートのあなたが
つくるべき教室は
「テーマパーク型」教室

▌技術で勝負しない教室に

私がお菓子教室の先生としてデビューした45歳のとき。

私は製菓の学校で基礎を学んだ経験もなく、「技術で勝負すると他の立派な先生にはかなわない」と考えていました。

そのため、「○○の技術が身につきますよ」「プロ並みのお菓子がつくれますよ」という技術の習得や向上を狙った教室はやらないと決めていました。私がやるべきレッスンは、世界観を楽しんでもらう「テーマパークのような教室」でした。

▌「テーマパーク型」教室とは？

私はアメリカンスイーツの教室をやってたので、「アメリカの陽気で華やかなホームパーティー」という世界観をつくるために、教室のインテリアも工夫しました。天井からケーキ型のモビールを吊るしたり、ピンクのクリスマスツリーにキャンディを飾ったり……。「こんな教室初めて！　お菓子のテーマパークみたい！」と感動して、毎月飛行機に乗って通ってくださる生徒さんもいました。

技術に自信がないなら、技術以外のところをセールスポイントにしましょう。ディズニーランドをはじめテーマパークの人気ぶりを考えても、世界観がビジネスになるということは明らかです。

その場の雰囲気や体験、世界観を楽しんでもらえるということも大きな強みになるのです。

技術がなくても勝負できる？

「私には本格的にお菓子（パン・料理）を学んだ経験がありません。
そんな私でも教室ができるのでしょうか？」
こんな心配をされている方は少なくありません。
でも、大丈夫です！
ある程度の知識や技術があれば工夫次第で人気教室になれます。

「非日常の演出」が付加価値になる

たとえば、私の教室では、普段からパーティーのような演出をしていましたが、ハロウィンやクリスマスにはもっと派手に教室をデコレーションして、「非日常を楽しんでいただく」という付加価値を提供しました。その結果、「楽しい教室」としての人気を獲得することができたのです。

お金をかけない教室づくり

上の写真は、生徒さんたちが喜んでクッキーの記念撮影をしてくださったハロウィンの「クモの巣テーブルクロス」ですが、実はこれは手づくりなのです。オレンジのテーブルクロスの上に、黒い画用紙で切り絵をつくって重ね、その上から透明なテーブルマットを重ねがけしています。私の教室のデコレーションはほぼ手づくりで、起業初期はお金をかけずに、工夫して教室づくりをしていました。

Lesson 3

プロフェッショナルな あなたがつくるべき教室は 「免許皆伝型」教室

▌ターゲットを変えるだけで１年先まで満席に！

　逆に、もしあなたが技術や知識に自信があるなら、それを生徒さん に伝授する「プロ養成教室」の先生になるという道もあります。私が 知っている先生の中には、初心者ではなく、あえて「お菓子教室の先 生になりたい人」、あるいは「お菓子教室の新米先生」にターゲット を切り替えて大成功した人もいます。

　もともとは「お子さんに手づくりのバースデーケーキをつくってあ げたいママ」がターゲットだったのですが、集客がうまくいかず、 「デコレーションが苦手なセミプロ」にターゲットを変更しました。 すると、半年先までレッスンが満席の大人気教室になったのです。

▌意欲の高い生徒さんが集まり、やりがいがある教室に

　教室の先生には「初心者さんに教えてあげたい」という人が多いの ですが、技術があるなら、むしろ上級者やセミプロの方をターゲット にすることをおすすめします。

　自分の人気レッスンメニューのレシピを「あなたの教室でレッスン してもよいですよ」、あるいは「あなたのお店のメニューにしてもよ いですよ」という「免許皆伝型」教室にもたくさんのニーズがありま す。

　また、「学びたい！」という意欲の高い生徒さんが集まりやすいの で、やりがいのある教室ができるでしょう。

技術を使って勝負しよう！

知識や技術、経験のある先生は、

間違いなくそれが大きな強みになります。

それを活かさない手はないですよね！

おうち専門学校

料理や製菓・製パンの専門学校で学び、調理師や製菓衛生師の資格を持っている方の中には、専門学校レベルのレッスンができるという方もいるでしょう。その場合、「専門学校に通わなくても、同じ技術が学べるおうち専門学校」というコンセプトで教室をつくることができます。「専門学校に通いたいけど、仕事をしていて平日の昼間は通えない」という生徒さんに需要がありますね。

資格・ディプロマ・商用利用権を発行する

あなたの知識や技術、レシピには大きな価値があります。それを仕事で使えるということを商品にして、認定講師資格やディプロマ、お店でのメニューの商用利用権などを販売することもできます。「仕事のために学びたい」という方がターゲットになるので、趣味で習うという生徒さんと比べて高額なレッスン料を設定することも可能です。

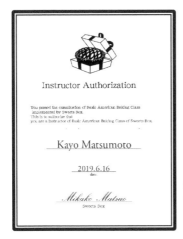

Instructor Authorization

You passed the examination of Basic American Baking Class
implemented by Sweets Box.
This is to authorize that
you are a Instructor of Basic American Baking Class of Sweets Box.

Kayo Matsumoto

2019.6.16
date

Mikako Matsuo
Sweets Box

私がお菓子教室時代に発行していたディプロマです。アメリカンベーキングという特殊なレッスンのディプロマがほしくて受講される人もいました。

あなたの「売り」を
見つける方法

▌「どこにでもある教室」には行く理由はない

「テーマパーク型」教室、あるいは「免許皆伝型」教室という方向性が決まったとしても、そこで「何を教えていくか？」という具体的な内容が必要になります。いわゆる**レッスン内容やレッスンコンセプト**というものですね。これらがあなただけの強い「売り」になるように考えなければなりません。

なぜなら、あなたの教室が「どこにでもある教室」であったなら、**あなたの教室に通う理由がないからです。**

▌「思い込み」があなたの邪魔をする

29ページを参考に、これまでの人生から自分の「売り」を発掘していただきたいのですが、残念なことに、**これまでの自分の経験や価値観、思い込みがあなたの作業を阻害します。**

自分の能力に対して「こんな能力はたいした価値がない」と**深く考えずに切り捨ててしまうことがあるからです。**

たとえば、私の生徒さんにフランス菓子のカヌレをつくるのが得意な方がいましたが、「カヌレは簡単すぎてコースレッスンにはならない」という思い込みを持っておられました。

しかし、私の強力なすすめで「カヌレ専門教室」というスタイルで教室をスタートし、**全コースレッスン満席の大人気教室になりました。**「思い込み」を外して考えることの大切さを実感する体験でした。

「思い込み」が大きな障壁になっているかも……

カヌレは
大得意だけど……

簡単すぎて
1回習えば十分だよね？

何回も習いたい人
なんていないよね……

「簡単」と思っているのはあなたがプロだから。
生徒さんのほとんどがアマチュアです。
生徒さんにとってはカヌレがつくれるようになることは
「すごいこと」かもしれません。

自分の感覚だけで商品を考えると、
独りよがりの商品をつくってしまいがちです。

そんなときは、先輩や信頼できる人に相談することも
必要になります。

あなたの「理想のお客さま＝ターゲット」を決める方法

■ あなたのレッスンを最高に喜んでくれる人とは？

あなたの「売り」がわかったら、それを**最高に喜んでくださるお客さま**は「どのような人なのか？」を考えましょう。

そのお客さまはあなたの「理想のお客さま＝ターゲット」になります。そして、ターゲットが決まったら、レッスン内容もホームページやブログのデザイン、SNSの投稿も、**すべてターゲットに好まれるものを発信**していきます。これを「ペルソナマーケティング」と言います。

■ 人は「自分のためのもの」に心動かされる

ペルソナマーケティングでは「あなたのレッスンを最高に喜んでくれるたったひとりの理想のお客さま」を設定し、その人に向けての商品づくりを行なっていきます。そうすることによって、「**ほかにいくつの教室があっても、あなたの教室を選ぶ**」という強力なファンをつくることができるのです。

たとえば、あなたが40代の女性だとしましょう。

「肌に潤いを与える美容液」と「40代の女性の肌に潤いを与える美容液」。どちらのほうが買いたくなりますか？ 後者ではないでしょうか？

人はみんな「自分のためのもの」に心を動かされます。「これはまさに私のためのレッスンだわ！」と思っていただくためにその方の**属性・ライフスタイル・価値観**について考えましょう。

理想のお客さまの考え方（ペルソナマーケティング）

その人が本当に存在すると考えて表を埋めましょう。

例

名前	橋本玲子	性別	女性
年齢	41歳	居住地	東京都文京区
家族構成	夫 娘1人（高2）	学歴	短大卒
職業	スーパーでパート（週3）	過去の職業	看護師
個人の年収	72万円	夫の職業と年収	自営業 600万円
個人の貯蓄	120万円	月のおこづかい	3万円
夢・価値観	自分の時間と家族の時間の両方を大切にしたい。人に喜んでもらうことが好き。将来、スイーツを楽しめるカフェを併設したアトリエを持ちたい。		
趣味	お菓子づくり・カフェ巡り・Instagram投稿・家族旅行		
家族との関係	良好。年に2回は家族旅行に行く。週末は娘とお菓子づくり、夫と映画鑑賞に行くことも。		
交友関係	学生時代の友人3人と今でも仲良し。2ヶ月に1度はランチ同窓会を開催している。		
WEB環境	パソコンで家業を手伝っており、エクセルやワードは使いこなせる。SNSはInstagramとブログをやっていて、映える自作スイーツを投稿するのが日課。連絡手段はLINE。		
よく行く場所	東京・神奈川・その他関東圏のカフェやお菓子教室		
1日の行動サイクル	6時起床・9時から仕事・15時から自由時間・18時から食事の支度・20時夕食・23時～24時就寝		
1ヶ月の行動サイクル	平日の午前中は家業の手伝い。月水金はパート。火木の午後や土日は家族と過ごしたり趣味にあてることが多い。		

レッスン料の
目安に

どんな
レッスンに
ニーズが
あるか？

この人にレッスンを
見てもらいたいなら
Instagramに投稿
すればいいね！

夕食後の21時から
22時すぎまでが
投稿を見てもらい
やすい時間かな？

レッスンに
来てもらうなら
土日の午前中が
よさそう

ペルソナマーケティングを設定するといろいろなことが
想定でき、**集客のための具体策**が考えられる！

Lesson

6

高額でも売れる
「価値のあるレッスン」の条件

▌商品は同じなのに価格が10倍になる理由

　同じ商品でもまったく違う価格で売られていることがあります。た
とえば、スーパーマーケットで売っているコカ・コーラと高級ホテル
の喫茶室で提供されるコカ・コーラでは**価格差が10倍**ほどだったり
しますね。これは商品の中身は同じでも、喫茶室の優雅な雰囲気や給
仕のサービス、最適な温度管理、高級なグラスといった**付加価値**に
よって、ホテルのコカ・コーラの価値が上がっているからです。

▌ターゲットにとって価値のあるレッスンとは？

　価値のあるレッスンの条件は6つあります。

①心から受講したいと感じるニーズにぴったりなレッスン

②ほかでは受講できない内容

③レッスン内容以外に付加価値を持っていること

　（教室のインテリアが素敵。アクセスがよく、通うのが楽）

④見せ方、売り方が優れていること

　（美しい写真、心に響くキャッチコピー、お得なキャンペーンなど）

⑤先生の人柄（生徒を大切にするなど）

⑥実績（先生としてのキャリア・生徒数など）

　これら6つすべてに当てはまるレッスンがあれば、とても価値の高
いレッスンになります。まずはこの6つを確認しましょう。そして強
いところをより伸ばし、弱いところを改善しましょう。

あなたの教室の価値の高さは？

以下のチェック項目を下記の**5段階評価**で診断してみましょう。

1　まったく当てはまらない
2　やや当てはまらない
3　やや当てはまる
4　当てはまる
5　すごく当てはまる

平均何段階の評価が取れるでしょうか？

人気教室になるためには、**4以上**は取りたいですね！

	チェック項目	5段階評価
①	心から受講したいと感じるニーズにピッタリなレッスン	
②	ほかでは受講できない内容	
③	レッスン内容以外に付加価値を持っていること （教室のインテリアが素敵。アクセスがよく、通うのが楽）	
④	見せ方、売り方が優れていること （美しい写真、心に響くキャッチコピー、お得なキャンペーンなど）	
⑤	先生の人柄（生徒を大切にするなど）	
⑥	実績（先生としてのキャリア・生徒数など）	

点数の低い項目があったら……

その項目の点数を上げるように努力する……というのもひとつですが、⑥のように今すぐにはできない、かなり時間が必要なものもありますし、③の「アクセスのよさ」のように改善が難しいものもあります。そんなときはまず、伸ばしやすいところを最大限まで伸ばして、平均点を上げる努力をしましょう。

Lesson 7

「屋号で損をしている」教室にならないために

▌屋号（教室名）は誰のためのもの？

「私の教室なんだから、屋号は私のものでしょう？」とお考えになるかもしれません。その考えも間違いではありません。

　しかし、名前の役割として「他との区別をつけること」「そのものが何であるかを理解すること」というものがあります。ということは、生徒さんがその教室名を知って、覚えて、他の教室と区別ができるとともに、「何が習えるのか？」ということがイメージできる必要があります。

　そう考えると「屋号はお客さまのためのもの」とも言えますね。

▌あなたの屋号はちゃんと役立っている？

　先ほどお話しした「覚えて、他の教室と区別ができる」「何が習えるかイメージできる」という役割を、あなたの屋号は果たしているでしょうか？

　たとえばフランス語で「Le cours de patisserie（お菓子教室）」という名前をつけたとして、これを何人の人が読めるでしょうか？　ほとんどの人が読めないのではないでしょうか。読めないものを覚えられるわけがありませんから、これがどんなに素敵な言葉であっても、屋号としての役割は果たせていないということになります。

　自分の好きなおしゃれな外国語を屋号にしてしまい、覚えてもらえず損をしている教室はたくさんあるのです。

屋号（教室名）の役割を果たしている？

**屋号（教室名）は覚えやすく
何を習えるかがイメージできるものがベスト！**

Le cours de patisserie

> かっこいい
> イメージはあるけど
> 読めない

> 覚えられない

> 何の教室か
> わからない

フランス焼き菓子専門教室　プチ・マドレーヌ

> フランス菓子の
> 教室なんだね

> もう覚えた

> 焼き菓子大好きなんだよね。
> 専門で習えるなんて
> うれしい！

Lesson 8 リピーターのできる レッスン・ できないレッスンの特徴

人気教室の正体とは？

「人気教室の正体」は、実は「リピーターが多い教室」にほかなりません。ということは、あなたが人気教室になりたいのなら、「たくさんの新規を獲得できる教室」ではなく、「たくさんのリピーターを増やせる教室」を一番に目指すべきだということになります。

リピーターが多い教室の共通点

一番大きな共通点は「1回のレッスンの満足度が高い」ということですね。「また来たい」と思っていただけるレッスンになっていれば、自然と次のレッスンも予約をいただけます。

そして「次のレッスンの予約をもらえるしくみができている」ということです。「レッスン受講中に次のレッスンの案内があって、その場で予約を取れる」というしくみや、「そもそもコースレッスンになっている」というしくみです。

満足度を上げるためには、生徒さんに喜んでもらえるレッスンを全力でつくる必要がありますし、しくみづくりは、そのときのレッスンだけでなく「将来」を見据えた計画性を備える必要があります。

「よいレッスンをしていたら自然にリピーターが増えた」という教室もありますが、計画的にリピーターを増やす仕事をしたほうが断然、成功率は高いものです。

右ページを参考にぜひ計画的にリピーターづくりをしましょう。

リピーターを増やす方法と
それぞれの方法が持つ生徒さんにとっての価値

満足度の高いレッスンをする	満足度の高いおもてなしをする
・楽しい・おいしい ・上手にできた ・学びが多かった ・家で再現できた ・値段以上の価値	・先生が笑顔で親切 ・礼儀正しい ・清潔感のある会場 ・インテリアが素敵 ・くつろげる雰囲気

その場で次回レッスンの予約を取る	コースレッスンを開催する
・試食もおいしかったのでぜひ受けたい ・確実に予約が取れる ・自分で予約する手間が省ける	・予約をする必要がない ・コース終了後には技術が大幅アップ ・たくさんのメニューが習える

リピーターができるしくみをつくる
・受講ごとにポイントが貯まるシステムがうれしい ・決まった曜日に開催されるので予定を組みやすい ・リピーター優遇制度がうれしい

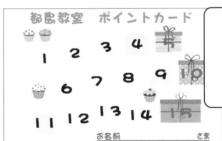

貯まるのを
楽しみにしている
生徒さんも
多かったです！

かつて私が使っていたポイントカードです。レッスン受講ごとに1ポイントが貯まっていき、5・10・15という短いスパンでささやかなプレゼントをお贈りしていました。15ポイント以上になるとVIPカードにランクアップし、VIP限定のサービスを受けられるという制度にしていました。カードは教室で預かり、毎回ポイントをお知らせしていました。

生徒さんの言うことを
すべて聞いてはいけない理由

▌生徒さんに喜んでもらいたい！……でも？

「生徒さんに喜んでもらえる教室」＝「リピーターの多い教室」なの
に、これは矛盾しているんじゃないでしょうか？

そう思われる方もいらっしゃるでしょう。

もちろん、生徒さんに喜んでいただくために「生徒さんの声」を
レッスンに取り入れていくのは必要なことです。しかし、**生徒さんの
言うことすべてを鵜呑みにするのは、ときに危険なこともあるの**で
す。

▌無理をして生徒さんのリクエストを受ける必要はない

私がお菓子教室をやっていた時代、生徒さんから「○○のレッスン
予約が取れなかったので、もう一度開催してください」「レッスン予
約の受付日を変えてください」などのご要望をいただいて、それらを
お受けしたことがありました。

しかし、**リクエストをされた生徒さんからのレッスン予約がない**と
いうこともしばしばありました。

生徒さんは何気なくご自身の希望をおっしゃいますが、受講するこ
とを約束してくださったわけではないのです。

もし、リクエストを受けるなら、**"受講していただく"という確約**
もいただかなければなりません。

確約をいただけないのであれば、無理をして生徒さんのリクエスト
にお応えする必要はないのです。

生徒さんの要望を聞きすぎると……

先月のレッスン、
予約が取れなかったので
追加開催してほしいです！

追加開催するも、結局予約は入らず……

リクエストもらったから
追加開催したのに……

生徒さんは「こうだったらいいなぁ」という
軽い気持ちでご自分の要望を伝えます。
対応するのであれば**受講の確約**を条件にしましょう。

あなたのレッスンコンセプトを決めよう！

① あなたの「強み」と「売り」の材料

私にできること（資格・キャリア・特技）

1	○○スクール認定講師資格	11	絵を描くのが得意（中高美術部、油彩・アクリル）
2	○○デコレーションケーキインストラクター2級	12	ネイルアートが得意（趣味）
3	○○フルーツカッティング教室インストラクター	13	犬の形の置物をつくるのが得意（オーブン陶芸）
4	○○調理師専門学校製菓コース卒業	14	エクセルで表をつくったりグラフをつくったりできる
5	パティスリーでの勤務経験　3年	15	レシピ動画をつくって料理動画サイトに20個ほど投稿している
6	カフェ・ケーキショップ食べ歩き500軒以上	16	スマホで料理写真を撮るのが上手
7	アメリカへの留学経験1年	17	アプリを使って写真加工ができる
8	ホストファミリーから習ったアメリカのお菓子がつくれる	18	離乳食のレシピをつくったことがある（知人に頼まれて）
9	キャンプ飯が得意（スイーツもつくれる）	19	時短料理が得意。1品10分以内につくれる
10	カフェでデザートの盛り付けを担当していた　2年半	20	おいしい果物が選べる（目利き）

私がやりたいこと・好きなこと

1	デコレーションケーキのレッスン	11	犬が大好き！（3匹と暮らしている）
2	フルーツカットのレッスン	12	キャンプ（月に1回は家族と行っている）
3	アメリカンスイーツのレッスン	13	料理番組を見る
4	キャンプ飯のレッスン	14	レシピ本を買って読む（つくる）
5	盛り付けのレッスン	15	カフェ・ケーキショップでの食べ歩き（目標1000軒）
6	キャラクターケーキのレッスン	16	フランス旅行（フランス菓子食べ歩きの旅）
7	ケーキを食べられるカフェを併設したお菓子教室	17	静物を描く。動物のスケッチ
8	オンラインレッスン（3〜4名）	18	一眼レフを買って写真教室で勉強する
9	対面でのレッスン（3〜4名）	19	フォトショップで画像を自由自在に編集できるようになる
10	コースレッスン（半年〜1年）	20	ネイルアート（手にはできないので足に……）

レッスンコンセプトの決め方

表①のあなたの「できること」、そして「やりたいこと・好きなこと」と表②の「理想のお客さま」の情報を照らし合わせて、理想のお客さまが最も喜んでくれそうな項目をピックアップしましょう。

ヒント1　表②の下線箇所を参考にしてみましょう（ここは玲子さんの趣味や価値観、将来の夢、自由に使えるお金を確認できるところです）。

ヒント2　玲子さんの夢や趣味をかなえるために、活かすべきあなたの「強み」は何ですか？

ヒント3　玲子さんに毎月通ってもらうには、どれくらいの金額のレッスンが妥当ですか？

② あなたの「理想のお客さま」（ペルソナ）

例

名前	橋本玲子	性別	女性
年齢	41歳	居住地	東京都文京区
家族構成	夫　娘1人（高2）	学歴	短大卒
職業	スーパーでパート（週3）	過去の職業	看護師
個人の年収	72万円	夫の職業と年収	自営業　600万円
個人の貯蓄	120万円	月のおこづかい	3万円
夢・価値観	自分の時間と家族の時間の両方を大切にしたい。人に喜んでもらうことが好き。将来、スイーツを楽しめるカフェを併設したアトリエを持ちたい。		
趣味	お菓子づくり・カフェ巡り・Instagram投稿・家族旅行		
家族との関係	良好。年に2回は家族旅行に行く。週末は娘とお菓子づくり、夫と映画鑑賞に行くことも。		
交友関係	学生時代の友人3人と今でも仲良し。2ヶ月に1度はランチ同窓会を開催している。		
WEB環境	パソコンで家業を手伝っており、エクセルやワードは使いこなせる。SNSはInstagramとブログをやっていて、映える自作スイーツを投稿するのが日課。連絡手段はLINE。		
よく行く場所	東京・神奈川・その他関東圏のカフェやお菓子教室		
1日の行動サイクル	6時起床・9時から仕事・15時から自由時間・18時から食事の支度・20時夕食・23時〜24時就寝		
1ヶ月の行動サイクル	平日の午前中は家業の手伝い。月水金はパート。火木の午後や土日は家族と過ごしたり趣味にあてることが多い。		

考察

玲子さんには「将来、スイーツカフェを併設したお菓子教室をやりたい」という夢があります。定期的にお菓子づくりをしたり、教室に通ったり、Instagramに映えるお菓子を投稿したり、かなりの**本気度**が感じられます。

収入や個人の貯蓄から考えると、**趣味には月額1〜2万円の投資**、夢の実現には数十万円の**投資**ができそうです。あなたは玲子さんの夢の実現のために「**フルーツカッティングを取り入れた、映えるデコレーションケーキの仕事で使える資格講座**」が提案できますね。

2 章

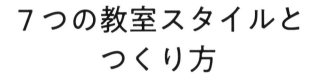

7つの教室スタイルと
つくり方

自宅対面形式の教室運営

▌ プライベートな空間をオフィシャルな空間に

　個人事業主として開業する教室で、一番多いのがこのスタイルではないでしょうか。自宅のキッチンを料理教室として活用するスタイルです。

　このスタイルで注意しなければならないことは、「**教室として活用する空間**」と「**プライベートな空間**」の切り替えです。つい1時間前までプライベートで使っていたキッチンやリビングなどを、お客さまをお迎えするオフィシャルな空間に変えなければなりません。「リビングの椅子の上に、洗濯物を置いたままだった」「子どものおもちゃが転がっていた」などの**生活感を感じさせる失敗**がないように気を配りましょう。

▌ マンションやアパートでの開業の注意点

　自宅を料理教室として活用するには、プライベートな空間をオフィシャルな空間として準備することのほかに、マンションやアパートの場合、「**教室開業が許される契約なのか**」ということも問題になります。住宅専用の物件だった場合、開業不可という可能性もあります。住宅専用の物件は、共用スペースは住人以外の利用が禁じられていたり、不特定多数の人が頻繁に出入りする事務所としての利用が禁じられていたりします。

　規約違反などのトラブルを起こさないよう、**事前に契約内容を確認**しておきましょう。

自宅対面形式の教室運営のポイント

「教室として活用する空間」と「プライベートな空間」の切り替え

 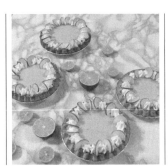

おもてなしを意識した美しいセッティング

大理石の壁紙ペーパーで撮影台をつくるなど、生徒さんに喜ばれる工夫を

賃貸や分譲マンションなど教室として使える契約なのか？

後々トラブルにならないようにきちんと確認しましょう。
条件をつけて「教室での利用」を**家主さんに交渉してみる**という方法もあります。
（生徒さんの中には、交渉してマンションやハイツを教室として利用可能にできた方もいました）

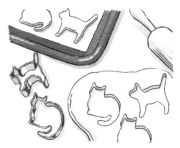

素敵なインテリアも大人気の秘訣

芦屋のパン教室　A MERRY

（アメリー）

池田京子 先生

HP：https://amerry.amebaownd.com

HP

▌レッスンコンセプト：

美しくおしゃれな手づくりパンで毎日を特別な日のように暮らす

▌主な生徒さん：

40代以上の女性でパンの技術のスキルアップをしたい方。
パン教室の先生など、プロの方も多い。

▌レッスン単価：

月1回のコースレッスンで1レッスン5,250円
クロワッサンとデニッシュ専門コース12回セット18万円

Q 自宅でレッスンを開催することの魅力を教えてください。

生徒さんから見た魅力

- 実際に家庭用のオーブンを使ったパンの製法を実践で学べること。
- その教室の先生独自の個性溢れるレッスンを受講することができること。

先生から見た魅力

- 自分のアイデア・企画力を活かした独自のレッスンを開催することができる。
- 通勤する必要がなく、自宅にいながら仕事をすることができる。
- 収入や勤務時間、仕事量、仕事のやり方など、すべて自分で決めることができる。
- 仕事をする環境（人間関係、仕事場の環境など）を自分で選ぶことができる。

Q 自宅でレッスンを開催することの難しい点は何ですか？

- レッスンを開催するまでに、集客や予約管理などを自ら行なう必要があり、レッスン以外の仕事も自分でこなしていかなくてはならないこと。
- 仕事の時間、仕事量、仕事のやり方など、すべて自分で決めて管理をしなくてはならないこと。

Q あなたの教室の成功ポイントを教えてください。

- 教室の清潔感と特別感を感じられるインテリア、そしておもてなしの気持ちを大切にしていること。
- SNS集客の武器は写真なので、美しいレッスン写真が撮れるように写真を学び、工夫している。

- 「貴婦人のクロワッサン」という独自のネーミングで多くの方に覚えていただき、教室のブランド化に成功した。

Q 自宅でパン教室をやってみたいと思っている人にメッセージを。

　パン教室を仕事にして成功したいと思うなら、パン教室で成功している人を参考にしたり、実際に話を聞いてみる。そして、失敗を恐れずどんどん行動して結果につなげていくことが、楽しく教室業を続けていける秘訣だと思います。

こんなお菓子はほかでは習えない

アメリカンスイーツ教室
スイーツボックス

まつおみかこ

▌レッスンコンセプト：

- ■ パイと焼き菓子、アメリカンスイーツの教室
- ■ ケーキ屋さんに売っていない珍しいスイーツが味わえて、非日常の楽しさを体験できるレッスン

▌主な生徒さん：

年代や属性は様々。お菓子の技術をアップさせたいという方ではなく、珍しいお菓子をつくって食べることを1回のレッスンの中で楽しみたいという方が多い。自宅ではつくらないという方が多かった。

▌レッスン単価：

1DAYレッスン4,800 ～ 8,800円
コースレッスン98,000 ～ 396,000円
※コースは回数・商用利用の有無、開業サポートの有無で価格が変わる。

Q 自宅でレッスンを開催することの魅力を教えてください。

生徒さんから見た魅力

- 家庭の設備でお菓子をつくることが学べること。
- アットホームな雰囲気の中でレッスンを受講できること。

先生から見た魅力

- 移動に時間がかからない。
- 準備や後片付けに時間の制限がない。
- 小さい子どもや病気の家族がいた場合などに、家族のそばにいられる。

Q 自宅でレッスンを開催することの難しい点は何ですか？

　レッスン中は「自宅」だと思わずに、「教室＝職場」だと思って仕事をしなければならないことです。髪の毛1本落ちていてもいけないと思って、清掃や環境づくりに気をつけていました。レッスンの前日と当日はカレーなどの匂いの強いものは食べない、つくらないと決めていました。

　私はお菓子教室だったのですが、お菓子教室は道具や材料をたくさん使うので、準備物を置くスペースにかなり困ると思います。何段か使えるラックを設置すると便利です。

　また、生徒さんが材料をこぼしたり、粉を飛ばしたりされるので、家具が汚れることがあります。レッスンで家具が汚れないように、あるいは汚れても大丈夫なように工夫や準備が必要ですね。

Q あなたの教室の成功ポイントを教えてください。

- 自分の「強み」と「弱み」を分析して、「これなら勝てる！」というレッスンをつくり上げたこと。

● レッスンメニューやレッスン内容だけでなく、キャンペーンやポイントカード、事前事後のメールフォローやお出迎え、お見送り、夏場には冷たいおしぼりを用意するなど、あらゆる点で生徒さんに喜んでもらうことを常に考え、取り入れていたこと。

Q 自宅で料理教室をやってみたいと思っている人にメッセージを。

家に家族がいるときでも、レッスン中は自宅だと思わずに「教室＝職場」だと思って、プロ意識を持って仕事をするようにしましょう。趣味ではなく、仕事として成功したいなら、プロとしての教室づくりを忘れないことが大切です。

※まつおみかこは「花開くアカデミー」の前身となるビジネススクールの開業に伴い、お菓子教室「スイーツボックス」のレッスンは終了しています。

Lesson 2

オンラインでの教室運営

■「オンラインレッスンがあれば継続していた」

　2020年に新型コロナウイルスが蔓延してから、新しく導入されたのがインターネットを活用した「オンラインレッスン」です。

　WEB会議室のZoomやLINE公式のビデオ通話を使って、リアルタイムでレッスンを開催することができます。導入初期は、リモートレッスンに抵抗があった人たちも、今は時間も空間も超えるオンラインレッスンを歓迎しています。

　「花開くアカデミー」が2022年4月に行なった「教室に通うのをやめた理由」に関するアンケートでも、「オンラインレッスンがあれば継続していた」という意見が目立ちました。

■ オンラインレッスンの一番の問題点

　オンラインレッスンは「住居がマンションで開業の許可が下りない」という場合でも、「家族に自宅の利用を反対されている」という場合でも、教室開業をあきらめずに済むという大きな魅力があります。この魅力に対して、一番の問題点は「開催したことがないから踏み出せない」「受講したことがないからイメージできない」という未知のスタイルへの不安や警戒心です。もしあなたがオンラインレッスンを導入したいと思っているなら、まずは人気のオンラインレッスン教室に受講生として参加してみましょう。

　そこには、あなたが「生徒さんに喜ばれるオンラインレッスン」を開催するためのヒントがあるはずです。

オンライン形式の教室運営のポイント

「パソコンやITへの苦手意識」
という先生と生徒さん両方のハードルを乗り越えよう

オンラインのお茶会やおしゃべり会でまずは気軽
に体験を

まず自分が人気オンライン教
室のレッスンに参加してみる
のもおすすめ

料理教室の生徒さんに聞きました！

教室に通うのをやめた理由

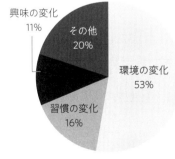

興味の変化 11%
その他 20%
環境の変化 53%
習慣の変化 16%

「花開くアカデミー」調べ　有効回答948人

教室に通うのをやめた理由の
第1位は「環境の変化」。
引っ越しやコロナの影響など
で通えなくなったという方が
目立ちました。
アンケートの自由回答には
**「オンラインレッスンがあれ
ば続けていたのに……」**とい
う声も目立ちました。

オンラインレッスンを取り入れて急成長！

アトリエ・ドゥスール

青山由美先生

HP：https://douceursy.com
ブログ：https://ameblo.jp/douceur2007

レッスンコンセプト：

■ 50代女性の心と体を美しくする植物性スイーツレッスン
■ どこよりもおいしい植物性スイーツがつくれるようになれる！
　植物性スイーツレッスン

主な生徒さん：

40代〜50代の、仕事を持っているけれども時間に余裕があり、お菓子づくりが好きな女性。教室業、販売業の女性。これからお菓子で起業しようとする女性が多い。

レッスン単価：

1DAYレッスン6,600円
6回コース17万円〜

Q どうしてオンラインの教室をしようと思ったのですか?

コロナになり、対面レッスンができなくなったため。植物性スイーツは工程が簡単なので、きっとオンラインでも伝わりやすいはずだと思い、早い段階で切り替えました。

Q オンラインレッスンの魅力を教えてください。

生徒さんから見た魅力

* 行き帰りの時間がないため、レッスン以外の時間を有効に使える。
* 自分のオーブンで最初からつくれるので、またつくろうと思えるし、身につきやすい。

先生から見た魅力

* レッスン直前の準備がほとんどない。省スペースでレッスンが可能。
* レッスンを開催できる時間が増える。
* 生徒さんが全国、または世界中に広がる。
* 通勤する必要がなく、自宅にいながら仕事ができる。
* 収入や勤務時間、仕事量、仕事のやり方など、すべて自分で決めることができる。
* 仕事をする環境(人間関係、仕事場の環境など)を自分で選ぶことができる。

Q オンラインレッスンを開催することの難しい点は何ですか?

個々の生徒さんのオーブンの調整が難しいですね。そして、画面上で焼き色を判断するのも難しいです。また、生徒さんの反応がわかりにくいというところもあります。

Q あなたの教室の成功ポイントを教えてください。

対面では近隣の方に限られていましたが、オンラインにして受講してくれる生徒さまの範囲が広がったことです。

また、教室歴は長かったのですが、ビジネスとしてのマインドが整っておらず、「花開くアカデミー」に出会いその部分が変わったことです。講師仲間や一緒に学んでいる仲間が応援してくれる環境なので、たくさんの方に私を知ってもらえるようになりました。

Q オンライン教室をやってみたいと思っている人にメッセージを。

自分のレッスンが、どんなオンラインレッスンの仕方が合うのかを見つけてください。きっとベストな方法があります。

オンラインには対面レッスン以上のよさがあります。これから先、新型コロナの感染予防対策が落ち着き、対面レッスンを気兼ねなくできるようになったとしてもオンラインレッスンはなくなりません。レッスンの軸を2つ持つことも、教室業を続けていく秘訣になると思います。

オンライン化が成功を呼んだ酒種米粉パン

酒種×グルテンフリー® 米粉パン教室 furali

吉村めぐみ先生
HP：https://furalisakadane.com

HP

レッスンコンセプト：

ただの米粉パンでなく、パン好きの方が我慢することなく、腸活できる米粉パン

主な生徒さん：

40代以降、まだこれから何かをしていきたい、このままでいたくないという、子育てがひと段落した年齢の方が多い。

レッスン単価：

体験レッスン5,000円
コースレッスン約10,000円／回（コースにより異なる）

Q どうしてオンラインの教室をしようと思ったのですか？

　最初はママ友対象に細々とレッスンを開催していましたが、新型コロナの影響で、そのママ友たちがひとりも来なくなり、ダメ元で「オンラインで外に発信してみよう！」と思いました。

　それが大成功し、今では全国、海外からもお問い合せがあるような状態です。オンラインだからこそ出会える生徒さんがいると思うので、これからも続けていこうと思っています。

Q オンラインレッスンの魅力を教えてください。

生徒さんから見た魅力

- 以前は遠くて通えないとあきらめていたレッスンも受講できる。
- 各家庭のオーブンの状態を見てアドバイスがもらえるので、再現性が高い。

先生から見た魅力

- レッスンの準備に時間がかからない。
- 家族が家にいても開催できる。

Q オンラインレッスンを開催することの難しい点は何ですか？

　手を出して助けることができず、言葉でサポートをすることになるので、正確に伝えるための表現が難しいです。

　手元カメラが真上から撮影するので、横から見せたいときには苦労することがあります（工夫が必要です）。

　私が焼いたパンのご試食をしていただけないので、それも残念なところです。

Q あなたの教室の成功ポイントを教えてください。

私の成功の秘訣は、WEBでの発信の仕方やビジネスマインドを学んだことです。

以前はママ友限定だったので、「レッスンしてほしい」とリクエストがあったときにレッスンをしていました。ですから、自分から「レッスンを受けませんか？」と発信することには、ものすごく抵抗がありました。「私がやっていいのか？」「高い料金をもらっていいのか？」というお金やビジネスに対するブロックがたくさんあり、「花開くアカデミー」のはちやひろみ先生に根気よくビジネスマインドを教えていただいたおかげで自信を持って教室を運営できるようになりました。ビジネスとしての教室運営について習っていなかったらすでにやめていたと思います。

Q オンライン教室をやってみたいと思っている人に メッセージを。

まずは悩む前にやってみることをおすすめします。

「意外とわかりやすかった」とおっしゃってくれる方がほとんどで、逆に「教室への行き帰りの時間がいらないから、時間を有効に使えてリアルに戻れない〜」と言われる方も多いですよ！

海の向こうのロンドンから人気レッスンを届ける

マダム詩子の英国ラグジュアリー
アフタヌーンティーレッスン

HP

タナー詩子先生

HP：https://peraichi.com/landing_pages/view/utakolondon

▌レッスンコンセプト：

- ご自宅で本場のアフタヌーンティーを楽しんでいただくために
  つくったコースレッスン
- 講師が実際に足を運んだ本場のアフタヌーンティーのお話や、
  アフタヌーンティーの歴史、マナー、そして生のイギリス情報
  を楽しむ

▌主な生徒さん：

30代〜40代のご結婚されている方で、お子さんがいらっしゃる
お母さん、また50代でお子さんが独立されてご自分の時間がある
方など。

▌レッスン単価：

1DAYレッスン3,500〜4,000円
6回コース12万円、12回コース20万〜28万円
（コースによって値段が異なる）

Q どうしてオンラインの教室をしようと思ったのですか？

　もともと、ロンドンのベーカリースクールで教えていましたが、コロナ禍になって対面レッスンをまったく行なえなくなってしまいました。ベーカリースクールでオンラインのレッスンも行ないましたが、「これだったらこの職場にいなくてもできるかな？　日本にいる方にオンラインで教えられるかな？」と考え、思い切って職場を退職、日本のお客さまに向けてロンドン発のオンラインレッスンをはじめることにしました。

Q 海外のオンラインレッスンの魅力をお聞かせください。

生徒さんから見た魅力

- 現地のことをいろいろ聞くことができ、本場のお料理やお菓子を習うことができる。
- 海外の先生とも距離感なく、とても身近に感じることができる。
- 「海外に住んでいる先生からレッスンを習っている」という満足感（友達に「すごい！」と言われたりします）。

先生から見た魅力

- 全世界から生徒さんを集めることができる。
- 「海外からのリアルタイムレッスン」という付加価値が得られる（タイムラグなしで、まるでリアルのように生徒さんとお話ができる）。

Q 海外からオンラインレッスンを開催することの難しい点は何ですか？

　時差の関係で早朝や深夜などにレッスンを行なうこともあり、海外からのオンラインならではの悩みとなっています（逆にオンラインだ

からこそできる、という強みでもあるのですが……）。Wi-Fi が安定しないときがあったり、急にフリーズしたり、PC が落ちてしまったりというテクニカルな問題がたまに発生することも難しい点です。

Q あなたの教室の成功ポイントを教えてください。

　自分の強みを活かした「ロンドン発のアフターヌーンティーレッスン」を、コースレッスンとして日本の生徒さま向けに展開できたこと。そして、オンラインでの上手なレッスンの開催方法を学び、少しずつ理想のお教室をつくっていくことができるようになったことです。

Q 海外など生徒さんが通えないような場所で教室をやってみたいと思っている人にメッセージを。

「自分には無理かな」と思って躊躇している方もいらっしゃるかと思いますが、オンラインもやり方によってはリアルのレッスンと同じくらいの満足感があります。手元がちゃんと見えるように工夫したり、動画を上手に使ったりしながら、生徒さまと楽しんでいくことができれば世界中どこにいても自分のレッスンを開催することができます。

　海外在住ということを売りにして、日本ではあまり聞いたことのないおいしい現地のお菓子やお料理を教えることもできます。また、生の現地情報も生徒さまにはとても喜んでもらっていますので、これからもどんどん新しいコースレッスンをはじめていきたいと思っています。

> ### 著者が感じる　オンラインレッスンの魅力

　私は教室に足を運んでの対面レッスンと、自宅から受けるオンラインレッスンの両方で学んだことがあります。

　それぞれのレッスンによさがありますが、オンラインレッスンの魅力は、何といっても「時間の利がある」ということです。「教室までの行き帰りの時間がない」「焼きたて、つくりたての味を家族とすぐに味わえる」（生徒さんのメリット）、「パンやケーキを焼いている待ち時間にいったんZoomをオフにして洗いものや後片付けができる」（先生のメリット）という点です。

　あらかじめご自身のレッスンを動画で撮影して、それを見せながら解説する先生もいますが、わかりにくい手順を何度も繰り返して確認させてもらったことがあります。目の前で先生が実技を行なっている対面レッスンでは時間を戻すことはできませんから、これは大きな魅力ですね。

レンタルスペース・キッチンを使っての教室運営

▌自宅を教室に使えない先生に！

　このスタイルの教室の一番の魅力は、「自宅を教室に使えなくてもレッスンの開催が可能である」ということです。賃貸の契約やスペースの不足、家族の反対によって自宅を教室に使えない先生が、レンタルスタジオやキッチンでレッスンを開催することはよくあります。それだけでなく、広い会場を借りることができれば、一度にたくさんの生徒さんにレッスンを受講していただくことができ、売上も上がります。

▌難しい問題点も多いスタイル

　反対にこのスタイルの問題点は「設備が整っている会場を探さなければならない」ということ、「会場費（レンタル料）がかかる」ということ、「材料などを運搬しなければならない」ということです。

　会場の設備によっては、たくさんの生徒さんに実習をしていただけなかったり、教えたい料理が教えられなかったりします。また、会場費を支払って、なおかつ利益を出すことが必要になりますので、レッスン料や受講してくれる生徒さんの数も大切になりますね。そして、材料を運搬しなければならないということについては、車が必要になったり、荷物の送付が必要になって、別の経費や手間がかかることになります。問題点をクリアして、たくさんの生徒さんを呼ぶことができれば導入する価値のあるスタイルですね。

レンタルスペースやレンタルキッチンの教室運営のポイント

メリット

自宅を教室に
使わなくて済む

広い会場なら
一度にたくさんの
生徒さんを呼べる

交通の便が
よいところなら
集客に有利

きれいな
会場を選べば
好感度アップ

デメリット

会場費が
かかる

道具や荷物を
運搬しなければ
ならない

希望の日時に
予約できるとは
限らない

設備によっては
実習できるメニューが
限定される

メリットとデメリットが
あるので、よく考えて
会場を選びましょう

広い会場でのびのびと子どもたちが楽しめる

サイエンスお菓子教室

BLOG

半田久美先生

ブログ：https://ameblo.jp/inakumi187/entry-12504332380.html

▌レッスンコンセプト：

- ▪ 発表会＆コンテストで一生の思い出づくり！
- ▪ サイエンスを使って本格的なお菓子づくりを楽しみながら、知恵と社会性が身につく小学生のためのサイエンスお菓子教室

▌主な生徒さん：

小学生。

▌レッスン単価：

1回4,000 ～ 6,000円の6回コースレッスン

Q どうして会場を借りてレッスンをしようと
思ったのですか？

　自宅開催だとたくさんのお子さんたちにレッスンに来てもらうのが
難しいからです。小学生向けのレッスンは土日開催になるので、家族
の休日と重なり、自宅開催ができないという理由もありました。会場
を借りることで、お子さんたちがのびのびとレッスンできて、ゲーム
やイベントも行なうことができました。

Q レンタルスペースでのレッスンの魅力を教えてください。

生徒さんから見た魅力

● スペースが広いのでのびのびとレッスンを受講できる。
● 少しぐらい大きな声を出しても問題がない。

先生から見た魅力

● 一度にたくさんの人数のレッスンができるため、１回のレッスンの
　売上が高くなる。
● 設備や食器を借りることができるので、自宅にそれらが揃っていな
　くてもレッスンが開催できる（会場による）。

Q レンタルスペースで開催することの難しい点は何です
か？

　会場にない道具や材料などを車で運んで準備しないといけないこと
ですね。また、時間が限られているので、準備や片付けを段取りよく
しないといけないという点もあります。特にレッスン人数が多いと洗
いものが増えるので、後片付けが大変です。言うまでもないことです
が、レンタル料がかかることを計算して、利益が出せるようにしなけ
ればならないことも難しいところです。

Q あなたの教室の成功ポイントを教えてください。

　もともとは2歳から中学生までの幅広いお子さんを対象に500円でレッスンをしていて赤字でした。ターゲットを小学生に絞って、実験やゲームをしながら学ぶという勉強的要素を取り入れたことで、レッスン料を高くしても満席の状態が続くようになりました。ユニークな教室だったため、生徒さまが新たな生徒さまを呼んでくださり、クチコミで増えていった点がありがたかったです。

Q レンタルスペースで教室をやってみたいと思っている人にメッセージを。

　レンタルスペースでレッスンをする場合、まずは事前の下調べがとても重要です。会場の広さ、オーブンの数、食器や調理器具、レンタル料金などを確認の上、レッスンに合ったレンタルスペースを見つけてくださいね。大人数で楽しくレッスンがしたい先生におすすめです。

※半田久美先生は現在、おうちで実験とお菓子づくりが楽しめる「魔法のお菓子キット」を監修し、オンラインレッスンを中心に活動しています（2022年8月現在）。

著者が感じるレンタルスペース・キッチンでのレッスンの魅力

　半田先生のレッスンもそうですが、個人の先生がレンタルスペースを借りてレッスンする場合、「イベント的レッスン」が向いています。お子さんをたくさん集めて楽しく実験したり、ゲームをしながら開催するレッスンはイベントに近いレッスンですね。

　私がレンタルスペースを借りてレッスンをしたときは、会場が広くておしゃれだったので、複数の先生とのコラボレッスンを開催しました。

　自宅で開催すれば定員4名のレッスンも、広い会場で16名の方にご参加いただけました。生徒さんたちは、それぞれの先生のレッスンを体験でき、お料理の試食もできて、大満足していただけました。

　イベントレッスンは、通ってくださる生徒さんに新鮮な時間を過ごしていただき、満足度をアップさせるための顧客フォローと考えることができます。

　コラボレッスンやパーティーレッスンなど、ときどき取り入れると喜んでいただけます。

自分のアトリエ・スタジオでの教室運営

開業には資金が必要

このスタイルに多く見られるのは以下の2つのパターンです。

①教室としての利用が可能な賃貸での開業

②自宅スペースの一部を教室専用に改築しての開業

①の場合は家賃がかかりますし、②の場合も改築費がかかりますので、開業資金はもちろん、光熱費などの維持費が必要になります。特に①の場合は、毎月家賃が発生しますので、一定以上の収益を得ている教室でなければ取り入れることができないスタイルです。

一国一城の主になれるスタイル

このスタイルの魅力は何といっても、一国一城の主として「教室専用のスペースが持てる」ということです。予算が許せば自分の希望の設備を揃えることもでき、インテリアも思いのままです。ということは、自分の教室のブランドイメージを空間全体で表現しやすいということにもなりますね。

これは競争力の強化にもつながります。また、前述の通り一定以上の収益を得なければ、教室専用の自分の仕事場を持つことはできませんから、このことは社会的な信用の獲得にもつながります。

そして、他のスタイルとの違いは、専用スペースを持つことによって店舗がなくても「食品営業許可（菓子製造許可など）」を取得できる可能性があり、その場合、つくったお菓子や料理を持ち帰りや通販で販売できるという魅力もあります。

自分自身のアトリエ・スタジオの教室運営のポイント

家賃や改装費はかかるけれども、一国一城の主として
やりがいのあるレッスン開催ができる

自分の教室のイメージカラーでつくられたアトリエ

たくさんの生徒さんが集うお菓子教室「happy sweets studio」は心弾むイエローで。

清潔な環境の中でお菓子の包装を学ぶ「wrapped」は穏やかで心落ち着くブルーで。

酒種酵母のパン教室「miette d'or」は粉と酒種の色でもある清潔感のあるホワイトで。

自分の教室のブランドイメージを思うままに表現できるのが魅力！

「お店みたい！」と褒められた率99％で大人気

はかりのいらないお菓子教室
happy sweets studio

パティシエール有希乃先生

HP：https://happy-ss.jp/mail

HP

▌レッスンコンセプト：

- はかりのいらないお菓子教室
- 大切な人を Happy にするまでがお菓子づくり

▌主な生徒さん：

50代くらいの女性。子育てがひと段落して、自分の趣味ややりたいこと（お菓子の仕事の勉強）に時間とお金を使えるようになり、お菓子づくりを習いたいと通われる方が多い。

▌レッスン単価：

体験レッスン7,000 ～ 9,000円程度
リアルレッスン（趣味の方向け）10回コースで12万円程度
オンラインコース（仕事にしたい方向け）15万 ～ 45万円程度
※金額は変更になる場合があります。

Q どうして専用のアトリエをつくってレッスンをしようと
思ったのですか？

一番の理由は、仕事とプライベートをきっちり分けるためです。

ちょうど開業のタイミングが結婚直前だったので、夫や子どもがいるとうるさくて仕事に集中できないし、休日に家でリラックスできないと家族にも申し訳ないなとも考えました。また、パティシエという仕事柄、広い厨房でお菓子をつくるのが当たり前だったので、自宅の狭いキッチンでお菓子づくりをしたくなかったというのもあります。

Q 専用のアトリエでのレッスンの魅力を教えてください。

生徒さんから見た魅力

- 初めてのレッスンで、他人が生活している空間に足を踏み入れるには少し勇気がいるので、アトリエのほうが気軽に参加しやすい。
- 生活感を排除した空間なので、その教室らしい内装や演出をすれば、教室に来るだけで気分が上がり、よりレッスンを楽しむことができる。

先生から見た魅力

- 仕事とプライベートを分けられる。
- 内装やインテリアを自分の好きなように変えられる。
- 家族や近所の迷惑を考えずに仕事に集中できる。

Q 専用のアトリエで開催することの難しい点は何ですか？

アトリエは、率直に言えば、お金さえあれば誰でも持てます！

自宅をリフォームするなら数百万円かかりますし、物件を借りるなら毎月固定費がかかります。なので、そのお金をどうするかの問題が一番です。

趣味の延長（赤字でもいいなら）であれば好きなだけお金をかければいいのですが、ちゃんと仕事として十分な利益を上げたいなら、開業資金はどれくらい用意できるか？　毎月どれくらいの収益を上げられるか？　など、しっかりと事業計画を立てることが不可欠だと思います。

Q あなたの教室の成功ポイントを教えてください。

まず1つ目は、唯一無二の「コンセプト」をつくって差別化できたこと。日本全国や海外からも、多くの生徒さんが私の教室に通ってくださるのは、"はかりのいらないレシピ"がここにしかないからだと思います。

2つ目は、プロに「集客」を学んだこと。開業当初は自己流の集客だったので、売上ゼロになった時期もありました。そこから「自己流だと限界がある」と感じ、プロにコンサルをお願いして"正しい集客方法"を学んだことが、私にとって成功への分かれ道でした。

3つ目は、この仕事に対する「決意と使命感」。パティシエの現場は非常に過酷で、どんなに腕のあるパティシエでも、女性は結婚出産と両立ができずあきらめるしかない、という現実があります。「でも、お菓子を教える仕事なら、女性パティシエが一生活躍できる場所をつくることができる。私の教室でそれを実現しよう！」という決意で教室を開業しました。実際、私自身も結婚出産と仕事を両立しながら、女性パティシエの雇用も生み出しています。

そのことと、はかりのいらないレシピで世界中にHappyの循環をつくることは、私の使命だと思っています。これまでたくさんの困難を乗り越えてこられたのは、その「決意と使命感」があったからだと思います。

Q 専用のアトリエで教室をやってみたいと思っている人に メッセージを。

「アトリエを持つにはお金が必要」と書きましたが、私は、貯金がほぼ0の状態から、金融機関から融資してもらって起業しました。しっかりとした事業計画さえあれば、これは誰でも可能なことですし、事業計画のつくり方は、商工会議所や中小企業支援センターに相談すれば、誰でも教えてもらえます。

　本気で「アトリエを持つ夢を叶えたい！」という方は、ぜひ勇気を出して一歩を踏み出してみてくださいね。

※「happy sweets studio」のパティシエール有希乃先生は、プロフィールのQRコードで、「レシピではわからない"プロのコツ"」を無料プレゼント中です！　興味のある方はぜひお受け取りくださいね。

ほかでは決して習えない唯一無二の学びがある教室

お菓子専門ラッピングスクール
wrapped（ラプト）

HP

内野未紗先生
HP：https://wrapped-sweets.com
Instagram：https://www.instagram.com/misa.uchino

Instagram

レッスンコンセプト：

お店で修業しなくても、おいしさと安全を保つ包装を短期間で身につけられ、アマチュアのお菓子からプロの「売れるお菓子」に変わるお店テクを習える講座

主な生徒さん：

30代から50代の女性を中心に、お菓子づくりの趣味が高じて製造販売をしたいと思っている方、すでに製造販売している方、生徒さまに正しいお菓子包装を伝えたいお菓子教室の先生など。大半の方に共通していることは、お菓子屋さんでの修業経験がないということ。最近はプロとして活躍中のパティシエも。

レッスン単価：

体験講座9,800 ～ 15,000円
コース講座20万～ 35万円

Q どうして専用のアトリエをつくってレッスンをしようと
思ったのですか？

　実家がもともと二世帯住宅で、亡くなった祖母の部屋が空いてお
り、改装して使わせてもらえることになったためです。

　また、間取りの条件が整っていたので、保健所に確認したところ、
水道工事と内装工事をすれば菓子製造業の許可が取得可能だと判明し
ましたため、迷わずアトリエをつくると決めました。

　お菓子の包装を教えるだけであれば許可はいらないのですが、プロ
としてお菓子を製造販売する「売れるお菓子ラッピング」を提唱して
いるので、実際にお菓子の製造販売が可能な状態のほうが生徒さまの
信頼を得られると考えました。

Q 専用のアトリエでのレッスンの魅力を教えてください。

生徒さんから見た魅力

- きちんと仕事としてやっている教室だと感じられて、信頼感があ
　る。
- 家のキッチンではお肉やお魚を扱っていても、別キッチンであれば
　衛生面で安心感がある。
- 先生の家族と鉢合わせして気まずい思いをしなくてよい。
- （内装や装飾を工夫することで）非日常を味わうことができ、足を
　運ぶ価値があると感じられる。

先生から見た魅力

- 家族の目を気にせずに仕事に打ち込める。
- 仕事専用スペースなので使用時間に制限がない。
- 道具や材料を家庭のものと分けて衛生的に保管できる。

Q 専用のアトリエで開催することの難しい点は何ですか？

　場所を構えてしまえばメリットのほうが大きく、デメリットをあまり感じたことがありません。

　強いて言えば、賃貸契約の場合、家賃が発生することや、改装費がかかることですね。ひと部屋を改装するだけでも内装はもちろん、作業台やオーブンなどの機材でお金がかかります。お金をかけて場所をつくったからには、それをきちんと回収して利益を上げる必要があります。

Q あなたの教室の成功ポイントを教えてください。

①唯一無二のコンセプト

「自分以外の誰にも真似できなくて、必要としている人が一定数いる」というコンセプトを8年以上かけて本気で探し続けました。

②誰よりも詳しく伝えられるように勉強

　コンセプトが決まってから、「この分野に関しては自分より詳しい人はいない」と断言できるくらい、誰よりも勉強して内容を極めました。まだこの先も極めます。

③信頼される情報発信

　正しい情報発信の方法をすでに1歩先を行く先生に習い、できる限り実行しました。特に、無料メール講座はとても力を入れて執筆し、2022年8月現在、4,600名以上の方にご購読いただいています。このメール講座で信頼を勝ち取り、常に見込み客を多数抱えた状態で生徒さまを募集していることがたくさんのお申し込みをいただけている要因だと思います。

Q 専用のアトリエで教室をやってみたいと思っている人に
メッセージを。

　お菓子やパンの仕事は清潔感が大事です。家庭のキッチンと分けて
レッスンができれば生徒さまからの信頼も上がります。

　改装できるお部屋やご実家がある方は、ぜひチャレンジしていただ
きたいです。間取りなどの条件が合うのであれば菓子製造業の許可を
取得すると、お菓子の製造販売の仕事にチャレンジすることもでき、
お仕事の幅が広がります。

　また、オンラインレッスン時にはお菓子の見本や材料を送れるよう
になるので、より魅力的なレッスンができます。候補の場所や物件が
ある方は、一度管轄の保健所に聞いてみてくださいね。

ワンランク上のパンづくりと教室開業サポート

酒種酵母専門パン教室
miette d'or（ミエットドール）

庄原清香先生

HP：https://miettedor.com
Instagram：https://www.instagram.com/sayaka.shohara

HP

Instagram

レッスンコンセプト：

当たり前の日常を、パンづくりで少しだけキラキラした毎日を過ごしましょう

主な生徒さん：

40代後半〜子育てが終わった主婦世代。

レッスン単価：

1 DAY 講座6,000 〜 11,000円
オンラインレッスン5,000円
動画販売3,300 〜 33,000円
開業講座（3ヶ月〜半年間）16万〜 35万円

Q どうして専用のアトリエをつくってレッスンをしようと
思ったのですか？

　自宅のレッスンスペースが「古い」「小さい」ということがとても
コンプレックスでした。「小さな家庭用のキッチンでもパンが焼ける」
ということを売りにして集客していましたが、やっぱり広いキッチン
でレッスンしたいという思いが当初からありました。

　自宅キッチンでレッスンすることに家族は賛成して協力してくれま
したが、やはり迷惑をかけてしまいますし、生徒さまにもゆっくり過
ごしてもらうことが難しいと感じていました。遠方から車で来られる
生徒さまもいて、駐車場問題があり、近隣とトラブルになったことも
ありました。

　いつかアトリエを持つことが夢だったので、かなえたかったことを
実現できました。

Q 専用のアトリエでのレッスンの魅力を教えてください。

生徒さんから見た魅力

● 広いスペースでゆったりとレッスンを受けられる。
● 教室の場所が大きな道路に面していると車で行きやすい。駐車場も
　近隣にたくさんあって便利。

先生から見た魅力

● プライベートと仕事のメリハリが持てるようになった。
● 生活用品はなく、レッスンのためのものしか置いていないので準備
　が楽になった。
● 教室が広くなったことで、イベントが開催できるようになった（他
　の教室の先生を招いたりするなどのコラボレッスン）。
● 生徒さまの人数を増やすことが可能になった。

Q 専用のアトリエで開催することの難しい点は何ですか？

レッスン準備を家事の合間にすることができなくなったこと。

メリハリがついてよいですが、家事とのバランスを取ることが必要になりました。

私がレッスンをしている酒種酵母パンづくりの特徴は、発酵時間が長いことです。レッスン前日にパン生地を仕込み、レッスンは1次発酵完了からスタートしています。私の場合、発酵の様子を観察するために、衛生・温度管理などに気を配りながら自宅に持ち帰らなければならないという手間がありますね。

Q あなたの教室の成功ポイントを教えてください。

パンを学ぶこと・運営を学ぶこと。プロの先生からきちんと学ぶ。そして学んだことは必ずアウトプットする。これが私の成功のポイントです。

「レッスンを満席にしたい」→「月商15万円になりたい」→「月商30万円になりたい」。目標がステップアップするたびに、そのためにどうしたらよいかを真剣に考えて行動しました。

コツコツ頑張ったことで、月商100万円が達成できたのだと思います。

Q 専用のアトリエで教室をやってみたいと思っている人にメッセージを。

教室専用として貸してくれる物件は多くはありません。よい物件があれば、教えてもらえるように不動産会社に連絡しておきましょう。

専用アトリエでは、家賃・光熱費が経費となります。毎月の月商はどれくらい必要になるのかをきちんと計算しておきましょう。

筆者が感じる自分のアトリエ・スタジオでのレッスンの魅力

「花開くアカデミー」の生徒さんには専用アトリエを持っていて、お菓子の製造販売ができるという方が多くいらっしゃいます。

それは、菓子製造許可を取得しているからですが、そのためには「自宅のキッチン」と「製造のためのキッチン」を必ず別々にしなければなりません。

専用アトリエがあるということは、「自宅とは別のキッチンがある」ということですから、地方自治体の知事によって定められている条件を満たし、保健所の審査に合格すれば、教室だけでなくお菓子の販売やパンの販売もできます。

パティシエやパン職人の仕事は拘束時間の長い重労働です。体力や時間の問題で製造業を退いてしまっても、菓子製造許可を取得しているアトリエがあれば、自分のペースでお菓子やパンをつくって販売する仕事を自分のペースでできるようになります。「パティシエになる」という夢をあきらめなくてもよくなるのです。

店舗（飲食店）での教室運営

▌十分な衛生管理が課題

　ケーキ屋さんやカフェにレッスンスタジオが併設されているスタイルです。実は私が通っていたお菓子教室がこのスタイルでした。その教室は、調理場の隣にレッスンスペースを持っていて、そこで実習を行なっていました。**食品衛生管理上、飲食店の調理場で従業員以外が調理するのは好ましいことではありません。**調理場以外に独立したレッスンスペースを設けるか、飲食スペースをレッスンスペースとして割く必要があります。飲食店で一般の方に調理をしていただくには、**十分な衛生管理**が課題になるでしょう。

▌ほかにない高い競争力を発揮できる

　一方でこのスタイルのメリットは、「商品を製造販売しているプロのレッスンを受けられる」、あるいは「お店の人気メニューを習える」という**ほかにない競争力を発揮できる**ということです。

　レッスンを受講した生徒さんが、店舗で販売している食品を購入してくださるという**クロスセル（同時購入）**につなげることもできます。たとえばレッスン中に販売メニューを紹介したり、試食してもらったりして、レッスン終了後にお買い上げいただくのです。また、飲食店は材料を卸値で購入しているので、**利益を上乗せして、その材料を生徒さんに販売する**こともできます。スーパーでは買えないような材料が手に入るので生徒さんにもメリットとなります。

飲食店での教室運営のポイント

メリット

お店が人気なら
レッスンも人気になる
可能性がある

お店の
人気メニューを
レッスンで使える

レッスンと商品の
クロスセルが可能

材料も
販売できる

デメリット

より一層の
衛生管理が必要

店舗と教室、2つの同時
運営で負担が大きい

教室と兼業のお店

和菓子屋「ふうのおはぎ」

デリカテッセン「maorobi labo」

HP

女性目線のセンスあふれる野菜とフルーツのメニュー

ベジフルラボ
旬の野菜とフルーツ専門料理教室

松浦真央先生
HP：https://vegefrulabo.com
Instagram：https://www.instagram.com/vegefru_labo

Instagram

▍レッスンコンセプト：

■ 野菜と果物の座学、季節の手仕事・調味料、季節の主食・主菜・
副菜・甘味で旬の野菜とフルーツの魅力を100％引き出すレッ
スン

▍主な生徒さん：

「旬」の野菜や果物が好きで、おしゃれなアレンジ方法を学びた
い方。教室業の先生や飲食店経営者、これからお店や教室をはじ
めたい方。

▍レッスン単価：

1DAY レッスン4,000円〜
コース講座14万円〜（6ヶ月ビギナー／12ヶ月レギュラー／
12ヶ月プロ 商用利用）

Q どうして店舗でレッスンをしようと思ったのですか？

店舗では、自家農場のお米や旬野菜を使った完全予約制のお弁当やデリのテイクアウト販売をしています。

Instagram などの SNS を通じて「一度食べてみたい！」というお声をいただく度に、より広くお客様にお届けする方法がないかと考えていました。また、コロナ禍において、新しい事業の構築を考えている際に、「花開くアカデミー」と出会いました。まつおみかこ先生に、販売方法についてご相談をしたところ、私の経験や知識の棚卸しをしていただいた上で、自分では考えもしなかった「マンツーマンでの対面・オンラインでの料理教室」をつくるアドバイスをいただきました。

このアドバイスが店舗にてレッスンをはじめるきっかけとなりました。

Q 店舗でのレッスンの魅力を教えてください。

生徒さんから見た魅力

- 店舗で対面して受講することの「特別感」。
- 受講前に先生の雰囲気や料理のコンセプトが確認できる「安心感」。
- 教室業の先生や飲食店経営者様などが受講されても、経費面など実際に現場で活用できる「信頼感」。

先生から見た魅力

- 店舗で受講していただくことで、商品のコンセプトなどを伝えることでき、お店のファンになっていただける。
- お店の新メニューについて受講生から率直な意見が直接聞けるので、よりニーズに合った商品開発ができる。
- レッスン構築のため、度重なる試作や知識の再確認をすることで、より洗練されたメニューをつくることができる。

Q 店舗で開催することの難しい点は何ですか？

初歩的な問題ですが、私の場合、店舗にWi-Fi環境などの通信環境が整っていないため、オンラインレッスンは自宅で、対面の場合は店舗で開催しており、その手間がかかります。また、飲食店舗内でのレッスンなので、衛生面には特に気を使います。ほかにも、店舗での商品のご注文とレッスン日が重なることが度々あり、それまでに仕込みなどを終える時間的な配分の難しさがあります。それにより、店舗のお客様や、レッスンの受講生様へのご連絡や、SNSなどのリアルタイムでの発信が滞ることがあります。店舗の稼働日数と、レッスン日の割合を工夫していくことが今後の課題です。

Q あなたの教室の成功ポイントを教えてください。

これまでマクロビオティック師範、ローフード、ヴィーガン、和洋菓子など様々な角度から学んできましたが、自分のポジションをどこにも絞らず、そのエッセンスを融合した「ベジフルラボ」と決めたことです。これにより、「自分の経歴（過去）」「お客様に提供できる自分の強み（現在）」「本当にやりたかった望み（未来）」が、この肩書きによって一直線につながって、発信する際にブレることがなくなり、受け取る側もコンセプトがわかりやすくなったと思います。

また、永久無料Facebookオンラインサロン「ソース＆ドレッシング研究会」を立ち上げました。実演ライブを繰り返す中で、ファンが増え、今では260名以上（2022年8月現在）の方と交流ができています。

集客に関しては、Instagram、Facebook、公式LINEなどのSNSを有効に使い、より多くの方にリーチし、体験レッスンを受講していただいてからの講座申し込みという導線を引けたことが大きかったと思います。

Q 店舗で教室をやってみたいと思っている人に
メッセージを。

　発信やメニュー開発など、それぞれ別に必要になるので、やること
は多くなります。ただ、視点を変えるとネタがたくさんあるというこ
と。必要に応じて発信を相互にリンクさせれば拡散力も上がるので、
相乗効果として得られるメリットは大きいですよ！

　人に教えるという視点が入ることで、客観的に調理工程を見直すこ
とができて、自分のお店の料理も格段にレベルアップします。

　最初にレッスンを組み立てるのにはエネルギーがいりますが、教室
はあなたの経歴や技術、情報や人柄などが価値となり、一度組み立て
ると、経費はお店ほどかかりません。

　教室運営は安定した経営の柱になります。売上を上げるために毎日
に追われる販売から卒業できます。柱があることで、販売数量や開店
日数を限定したり、その分、付加価値をつけて材料にこだわり販売価
格も上げていくなど、本当にやりたい販売スタイルを確立できると思
います。

　お店の商品にもお客さまにも、あなたの働き方にも、きっとよい循
環が生まれていくと思います。

常識に縛られない創作おはぎ専門教室
ふうのおはぎ

川口登志子先生

HP：https://peraichi.com/landing_pages/view/fuunoohagilesson
Instagram：https://www.instagram.com/toshiko.kawaguchi_ohagi

■ レッスンコンセプト：

つくってみたい！　食べてみたい！　そんな記憶に残るおはぎの
世界をお伝えする

■ 主な生徒さん：

40代〜50代の教室業の先生やカフェスタッフの方、仕事をして
いる主婦の方など。

■ レッスン単価：

1DAYレッスン3,500円〜
6回コース6万円
12回コース12万〜20万円（趣味か商用使用かによって変わる）

Q どうして店舗でレッスンをしようと思ったのですか？

　和菓子教室はたくさんありますが、おはぎに特化した教室がなかったため需要があるのではと思いました。また、お菓子の製造販売には体力が必要で続けられる年齢が限られますが、レッスンなら何歳になってもできると思ったからです。同時にオンラインレッスンもはじめましたが、オンラインだといろいろな地域の方も学んでいただけますし、私の仕事の幅も広げられると思ったことも動機になりました。

Q 店舗でのレッスンの魅力を教えてください。

生徒さんから見た魅力

- お店で販売しているおはぎが、そのままレッスンでつくれること。

先生から見た魅力

- お店で販売しているおはぎや店舗の情報を知っているお客さまに「習ってみたい」と思ってもらいやすいこと。
- お店で講師の人柄を知ってから、受講していただけること。

Q 店舗で開催することの難しい点は何ですか？

　日程の調整が苦心するところです。お店の営業中にはレッスンはできませんから、定休日や閉店後のレッスンになります。生徒さまの希望をお受けできないこともあるので、そこが難しいですね。

Q あなたの教室の成功ポイントを教えてください。

- 競合となる教室が少ないこと。
- 店舗があるので講師を身近に感じてもらえること。
- どこにもない創作おはぎであること。

Q 店舗で教室をやってみたいと思っている人に
メッセージを。

　店舗の独自性を活かし、どこにもないレッスンをつくっていくこと
をおすすめします。見せ方を工夫することも大切ですね！

著者が感じる店舗でのレッスンの魅力

　私は、自分のアメリカンスイーツの師匠が店舗でレッスンをされていたので、ずっと店舗でのレッスンに通っていました。そのときにうれしかったのが、お店の新作スイーツがいち早く試食できたり、いろいろなパウンドケーキのバリエーションを勉強のために試食できたことでした。気に入ったケーキをそのままテイクアウトできるのもメリットですね。

「学ぶ」という視点で考えるなら、店舗を運営するのに必要な設備などを自分の目で見ることができ、個人宅のオーブンとの焼き上がりの違いも実感できるので、とても勉強になります。

「将来、自分の店舗を持ちたい」と考えている人は、ぜひ店舗でのレッスンに通って習うことをおすすめします。

動画販売・レッスンサブスクでの教室運営

▌いつでも何度でも気軽に受講できるスタイル

レッスン動画の販売も、オンラインレッスンと同様にコロナ禍が促進したレッスンスタイルですね。個人で動画販売をしている教室もありますし、出版社が人気教室の先生に動画制作を依頼して自社サイトで販売したりもしています。

生徒さん側から見た動画レッスンの魅力は、**いつでも好きなときに何度でも受講できる**ことです。料理番組を見るような感覚ですが、録画なので自分のタイミングで停止させたり、巻き戻したりして確認することもできます。生徒さんにとっては、**最も気軽に受講できるレッスンスタイル**でしょう。

▌どこまでも売上を増やしていけるレッスンサブスク

レッスン動画を毎月定期的にご購入いただく、**「動画レッスンサブスク（動画レッスン定期購読）」**というスタイルもあります。レッスンサブスクを受講していただくと、教室には毎月受講料が入ってきます。動画レッスンなので、受講人数には制限がありません。何十人でも何百人でも受講していただけます。**ほぼ一定の労力でどこまでも売上を伸ばしていける新しいスタイル**ですね。

このあとご紹介するサブスクの先生は、動画教材のほかに、月数回オンラインで動画レッスンサブスクの生徒さんのフォローをしています。デモレッスンを見せたり、生徒さんからの質問に答えたりして交流を行ない、**継続のための顧客満足を獲得する工夫**をしています。

動画販売レッスン販売のポイント

動画でのレッスン販売は
コロナ以降急激に増えている！

レッスンやセミナー動画販売のプラットフォームも登場し、自分の教室
だけでなく、委託販売という形で動画レッスンを販売する教室も多い。

「kokode digital」（光文社）でシフォンケーキ
の動画レッスンを販売している教室「モー
ニング・シフォン」。食事シフォンが人気！

「30分でつくれる簡単で本格的なティー
タイムスイーツ」が人気の動画レッスンを
販売している教室「アトリエMOCHIKO」

売れるレッスンにするためには
工夫が必要

多くの教室が動画レッスンを販売し
ている中で選ばれるためには、**ほか
との差別化**が必要。

動画レッスンには、YouTubeなどの**無
料動画もライバル**となる。

売れる動画レッスンにするために
は、内容はもちろん、見せ方・売り
方・販路などを**ターゲットに合わ
せて考える**必要がある。

HP

Instagram

100種のシフォンを教えるシフォンマジシャン

シフォンケーキ教室
モーニング・シフォン

松本玲沙先生

HP：https://peraichi.com/landing_pages/view/morningchiffon
Instagram：https://www.instagram.com/matsumoto.reisa

▌レッスンコンセプト：

- 100種以上のシフォンケーキづくりが楽しめるレッスン
- 甘いおやつだけでなく、甘くない食事シフォンケーキが楽しめる

▌主な生徒さん：

30代のママさんやお菓子教室を運営している先生、またはお菓子を販売されている方など。

▌レッスン単価：

動画レッスン４種類5,500円
基礎６回コース66,000円
アレンジオーダーメイド６回コース78,000円
※商用コースプラン内容により変動あり。

Q どうして動画レッスンの販売をしようと
思ったのですか？

　リアルタイムで受講できない生徒さまがご希望されたため。また出版社様からお声かけをいただいたためです。

Q 動画レッスンの魅力を教えてください。

生徒さんから見た魅力

- 自分の好きなタイミングで受講できる。
- 手元をアップで撮影しているため、細かいところもわかりやすい。

先生から見た魅力

- 動画レッスンはリアルタイムでレッスンをしなくてよいので、自分のペースで開催（制作）できる。
- 一度動画レッスンを販売してしまえば、その後は自動的に何人もの方にお買い上げいただける。

Q 動画レッスンの難しい点は何ですか？

　リアルタイムではないため、その場で生徒さまが講師に質問ができないところ。また生徒さまが使っているオーブンが、講師が使っているものと違う場合、温度調整が必要になるため、動画で指導している温度、焼き時間が合わないこともあります。

Q あなたの教室の成功ポイントを教えてください。

　他の教室では行なっていない「食事シフォンケーキ」という新ジャンルを生み出したことです。独自性が大きな鍵だと思います。

Q 松本玲沙先生はInstagramのフォロワーが5,000人以上！
（2022年6月現在）Instagram活用の秘訣をお聞きします。
Instagramからレッスン予約につなげるためにやっている
ことは何ですか？

　常にストーリーズへ情報を流したり、ライブ配信を定期的に行なうこと。またレッスンの情報だけでなく、自分のプライベートも見せることで人柄がわかり、共感を得ることで親しみを持ってもらえます。

Q 集客するためのInstagramのプロフィールのつくり方の
ポイントはありますか？

　何をやっている人なのかを明確にすることが大切です。住んでいる地域、資格、メディア出演などがあれば書きましょう。少しだけ絵文字を入れると明るい印象に。

Q 実際にInstagramから集客につながった具体例を
教えてください。

　Instagramで配信したシフォンケーキの実演ライブでは100名近くの方が見に来てくれました。またシフォンケーキを食べるライブ配信ではリアリティが出て、臨場感が生まれます。そこから体験会やレシピ本購入につながりました。

Q 動画レッスンをやってみたいと思っている人に
メッセージを。

　思うようにレッスンを開催する時間が取れない方は動画販売がおすすめです。自分の空いた時間に撮影し、販売することが可能。時間とお金を手に入れられる最大の媒体だと思います！　小さなお子さんがいても起業したいママは、まず動画販売からスタートするのがいいかもしれません。

筆者が感じる動画レッスンの魅力

先生側としては、一度動画を撮って販売できれば自動的に収入が得られるということが大きな魅力ですね。

生徒さん側としては、完全に自分のペースでレッスンを受けることができますし、何度でも繰り返し動画を見ることができます。

レッスンで習ったものの、上達のためには自宅での練習、鍛錬が必要というようなレッスンは、実は動画レッスンが効果的です。

たとえば、生クリームの絞り方だったり、アイシングクッキーのアイシングを使った描き方などは、絞り袋の持ち方や口金の角度の小さな違いで仕上がりに差が出てきます。先生の手元の「持ち方」と「口金の角度」を同時に確認することはできないので、そんなとき動画があると便利です。

このように、しっかりとテクニックを身につけたい人にも動画レッスンは向いています。

おうちお菓子の専門学校。レッスンサブスクが大人気！

アトリエMOCHIKO

楠本香代子（モチコ）先生

LINE：https://lin.ee/pfgiz1n
Instagram：https://www.instagram.com/atelier_mochiko

▌レッスンコンセプト：

- たった30分の作業で「またつくって！」とリクエストされるお菓子がつくれる
- 仕事にすぐに活かせる！　負担なくメニューと売上を UP
- いつでもどこでも好きなときにお菓子づくりが学べる

▌主な生徒さん：

30代〜 50代のパン教室やお菓子教室の先生、小さなカフェ店主さま、またお菓子づくりが好きな主婦の方も来られます。

▌レッスン単価：

月に２〜３メニューが学べるサブスクリプション（定期購買レッスン）
月額11,000 〜 17,000円　※コースによって異なる。

Q どうしてレッスンサブスクをしようと思ったのですか？

　元々は私がレッスンのかたわらに用意していたお菓子を召し上がった生徒さんから、「こんなにおいしいお菓子がこんな簡単につくれるなんて！　こんなお菓子こそ習いたい」とリクエストされたのがきっかけです。

　簡単すぎて、こんなものでお金をいただいてもいいのだろうか？と思いましたが、私も家でつくるのは簡単なお菓子ばかりだし、そういった手軽なお菓子は意外とお教室で習えずニーズがあるのだと気づきました。そこで、難しい技術がなくてもつくれる「もっともっと簡単なお菓子」として1回で4品が習えるレッスンを6ヶ月のコースでやっていたのが、このレッスンの前身です。

　それを「サブスクという形で売ってみましょう」とまつおみかこ先生にご提案いただきました。またちょうどコロナ禍で社会活動が止まっていた時期でもあり、オンラインレッスンを開催しても子どもや家族が在宅だったり、育児や介護で決まった日時でのレッスンが難しいというお声も多数いただいていました。こういったお悩みに対応できるのがまさに「サブスク＋動画」のレッスンだったのです。

　いつでもどこでも自分のペースで学べる動画を基本として、ひとつのお菓子を極めるというメニューではなく、生菓子、焼き菓子、皿盛りデザートやドリンクや糖菓までいろいろな洋菓子を習えるようにしました。

　一般の方だけでなく、教室を運営する先生がそのメニューを仕事に活かすことのできる商用利用コースも用意しました。教室運営の一助になればと考えています。

Q レッスンサブスクの魅力を教えてください。

生徒さんから見た魅力

- 予約の手間や取り忘れがなく確実に受講できる。
- 技術や知識を積み重ねて上達できる。
- 季節に応じたお菓子が習える。
- 毎月のお支払いなので大きな金額を用意する必要がない。
- 継続が難しくなったときは辞められる。
- 自分の知らないいろいろなお菓子に出会える。
- 受講の自由度が高く、自分のペースで学べる。
- 継続することで先生と仲良くなれる。
- 実習に何回も参加できたり、動画を何度も見られるので、上達のスピードが速く、コスパがよい。

先生から見た魅力

- 毎月募集しなくても自動的にレッスン予約が取れている。
- 毎月安定した売上が手に入る。
- 毎月のレッスンにより生徒さんとの信頼関係が築ける。
- 月額がお手頃で購入されやすい。
- 多くの生徒さんとレッスンできる。

Q レッスンサブスクの難しい点は何ですか？

　途中で解約されてしまう可能性があることです。毎月続けていただくモチベーションをキープする必要があり、月に一度オンラインでフォローレッスンを開催し、デモンストレーションを見ながら一緒につくってもらったり、実習や交流会、コンテストでお楽しみをつくったりと、生徒さまとの交流の機会を増やして一方的にならないように工夫しています。生徒さまのペースで受けられるということは、その

生徒さまのやる気次第でレッスン動画を見ない人も出てくるという難しさがあります。

Q あなたの教室の成功ポイントを教えてください。

ターゲットを「お菓子教室の先生」にし、ただお菓子のつくり方を教えるのではなく、お菓子にまつわる準備、計量、材料、製菓理論、道具など、パティシエの現場や製菓学校で培った自分の得意分野を濃くしっかりとお伝えするようにしました。とことん、惜しみなく120％お伝えし「お菓子がつくれる＋アルファ」で、講師力までアップさせたいといつも思っています。

特にお菓子教室では、再現性のあるレシピがとても大切で、私だけがつくれるお菓子を教えるのは NG だと思っています。習った生徒さんが仕事に活かせるように、レシピの通りにつくればきちんとできるように采配する手腕が必要だと思います。また、なるべく生徒さんとやり取りできる機会を増やすようにして、モチベーション UP や楽しんでもらえるようにサポートを充実させたのもよかったと思います。

Q レッスンサブスクをやってみたいと思っている人にメッセージを。

レッスンサブスクは、先にあげたように、生徒さんと先生両方に利点がとても多いものです。人気のある先生にはひとりで多くの生徒さんにレッスンを届けられるのでお互いに幸せです。

キャパシティに限界を感じていたり、売上の天井をぐんと上げたい人はぜひ取り組んでみてください。ひとり運営のお菓子教室でも、余裕のある運営がかないます。

実技なし、理論のみの
教室運営

▌料理は化学

　最後にご紹介するのは、**調理の実習を行なわず、理論を座学だけで教えるスタイル**の教室です。いったいどんな教室なのでしょうか。

　「料理は化学」という言葉がありますが、調理とは食材の化学反応を利用して、風味や食感を含むおいしさを高めたり、体への消化吸収を高めることです。

　また、調理師や製菓衛生師は栄養学も学んでいます。料理教室には、**調理だけでなく化学や栄養を学ぶという側面**もあるのです。

▌学問としての料理を学ぶ

　特に調理が難しいお菓子の世界には、調理に成功するための「**製菓理論**」があります。製菓の世界では多くの化学反応を利用してお菓子をつくります。そのため、目分量などの感覚で調理をすると失敗するのです。製菓の成功率を上げるためには、まず理論を知って、それに沿った正しい調理法でつくる必要があります。

　調理師とは別に製菓衛生師という資格があるのは、製菓の仕事には膨大な知識が必要になるからです。そして、製菓の膨大な知識である**「製菓理論」を専門に座学で教える教室**があるのです。

　また、栄養の部分に着目した**「栄養学」の教室**や、調理に結びついた「中国医薬学」である**「薬膳」の教室**も理論を座学のみで教えることがあります。

座学のみレッスン開催のポイント

ベネフィット（必要性）を伝えることが集客のポイント！

一般的に、料理教室は料理をつくっておいしく食べることが生徒さんのベネフィット（喜びや幸せ）です。

聞くだけの授業ではそのベネフィットは失われています。

それでも、座学のみの講義レッスンを受講したいと思っていただくには、**それを上回る別のベネフィット（必要性）を伝えることが**ポイントになります。

座学のみ講義レッスンのベネフィットとは？

プロ並みの
知識が得られ
仕事に活かせる

悩みだった
調理の失敗が
解決できる

過去の受講者の
多くが活躍・
成功している

講義を
受講すれば
資格が取れる

薬膳を日々の生活に取り入れて、生活を豊かに

ふわり薬膳

曽谷由佳先生

ブログ：https://ameblo.jp/yukapon0157

BLOG

▌レッスンコンセプト：

「難しそう、おいしくなさそう、材料が手に入らなさそう」と思われている薬膳を、特別なものは使わず、普段から使っているスーパーなどで購入できる食材を使い、おいしく簡単につくれるということを実践しながら、本当の意味での食の豊かさを知り、心も身体も健やかに過ごせるようになる

- -

▌主な生徒さん：

20代～70代の専業主婦の方から会社員や起業家女性まで、幅広く様々な方。

- -

▌レッスン単価：

■ 単発薬膳講座
　リアル開催の講座3,500円
　オンライン開催の講座3,000円

■ 薬膳をお仕事にできる育成コース
　1年間で45万円
■ 薬膳を基礎から学んで日々の食生活に応用できる一般コース
　1年間で24万円

Q どうして座学のみのレッスンをしようと思ったのですか？

　薬膳は理論を知れば知るほど面白く、納得していただくことができるので、座学で学ぶ時間が多いほうが満足度も高いと感じています。また、薬膳は学んでいただく内容が幅広いため、集中して受講してほしいという理由もあります。座学ですと一度に多くの方に受講していただくことができるというのも利点です。

Q 座学（講義）レッスンの魅力を教えてください。

生徒さんから見た魅力

● 食材の準備などをする必要がなく、調理がないので夜の時間帯など都合のよいタイミングで受講できる。
● 薬膳の講義に集中して学ぶことができる。

先生から見た魅力

● たくさんの生徒さまのお申込みを一度に受けることができる。
● 日程を絞って開催することができるので、時間的な負担が軽減できる。

Q 座学（講義）レッスンの難しい点は何ですか？

　実際に料理を味わって体感していただくことができないので、おいしさをイメージしていただくのが難しいことと、細かな調理の仕方をお伝えしきれないことがあります。

Q あなたの教室の成功ポイントを教えてください。

　ほかの薬膳教室にはない唯一無二の内容だということと、生徒さまのお悩みに寄り添いながらお伝えすることで、信頼していただけていることだと思います。

Q 座学(講義)レッスンをやってみたいと思っている人にメッセージを。

　座学のみのよいところは、受講してくださる方の負担も軽減できる点と、一度に多くの方に受講していただくことができる点です。

お菓子を専門学校レベルで学べる製菓理論に特化した授業
ボンボンシエルアカデミー

岡本由美先生
HP：https://www.lebonbondeciel.com
Instagram：https://www.instagram.com/lebonbondeciel

HP

Instagram

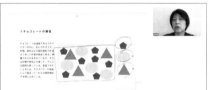

レッスンコンセプト：

■ 理論的に「つくること」「教えること」「売ること」を身につける講座
■ ブランド立ち上げのサポート

主な生徒さん：

30代後半から60代まで。長い間お菓子教室に通い続けてきて、その次のステップに行きたいと考えている方。趣味でつくってきたお菓子を売ってみたい、教えたいと考えている方。第2の人生を充実させたいと考えている方。自分のつくるお菓子のレベルを上げたいと考えている方。

レッスン単価：

ビギナーコース20万円
レギュラーコース35万円

Q どうして座学のみのレッスンをしようと思ったのですか？

製菓理論が面白くて、自分自身が好きだということに気がついたのがきっかけです。

生徒さまからも「理論がわかってくると失敗の原因もわかるようになり、どうすればいいか以前ほど迷わなくなりました」というお声をいただいており、お菓子は理論をしっかり学ぶことが大切だと考えています。

Q 座学（講義）レッスンの魅力を教えてください。

生徒さんから見た魅力

- 理論がわかるので、オリジナルメニューをつくり出すスキルが身につく。
- 自分のつくりたいお菓子をきちんと形にできるようになる。

先生から見た魅力

- 理論を勉強しはじめると「つくりたい！　確かめたい！」という気持ちが自然に湧き上がるので、生徒さまが、自分で考えてお菓子をつくるきっかけになる。
- 結果的に生徒さまの「自主練」の回数が増えて、技術が向上しやすくなる。

Q 座学（講義）レッスンの難しい点は何ですか？

私自身が難しいと感じたことは正直ないのですが、技術的な感覚を伝えるのは難しい部分があるかもしれません。

Q あなたの教室の成功ポイントを教えてください。

実技の授業をスパッとやめたことかなと思っています。「これで行

こう！」と決めると、集中して突き進むことができますので。

　座学のみの教室にニーズがあるのかどうかということは未知数でしたが、自分の講師経験から価値のあるレッスンだと思っていたので、思い切ってやってみることにしました。すると、私の授業にニーズを感じ、共感してくださる生徒さまが増え、座学専門の製菓理論の教室としてやっていけるようになりました。

Q 座学（講義）レッスンをやってみたいと思っている人へメッセージを。

　勉強しましょう。勉強したことを自分の頭と言葉で噛み砕くこと。自分の言葉で伝えることが大事だと思います。

［番外編］
YouTubeでレッスン開催

「ファンづくり」が目的のYouTube

あなたは YouTube で料理レッスンをしているチャンネルを見たことがありますか？

YouTube は基本的に動画を見てくれた人からレッスン料をもらえるわけではありません（所定の条件を満たし、「パートナープログラム」に参加すると再生回数に応じて広告収入をもらうことはできます）。

では、何のために教室の先生方が YouTube を使っているのかというと、主に「ファンづくり」が目的です。**「動画でレッスンしちゃったら習いに来る人がいなくなるんじゃないの？」**と思うかもしれませんが、実はそんなことはありません。動画を見ただけで満足する人ならば、そもそも教室に通うようなタイプではないので、ターゲットではないということになります。**あなたの動画レッスンを見て「この人から直接学びたい！」**と思ってくれる人が、あなたのターゲットなのです。

動画の下の説明欄に誘導したい場所の紹介やリンクを貼ることによって、動画でファンになった方の LINE 公式への登録やレッスンへのお申し込みを促すことができます。

私自身も何気なく投稿していた YouTube 動画からお申し込みがあり、生徒さんになっていただけたことがありました。「ファンづくり」には YouTube の投稿は有効です。

YouTubeにアップして生徒さんを増やそう

「カード」と呼ばれる動画に貼れるリンク。
チャンネル登録者数と動画の再生回数が
一定数を超えると使える機能

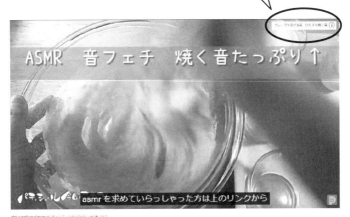

説明文の中に
誘導したい場所への
リンクを貼るのが一般的

参考画像
ながのゆうほ先生のチャンネル
「パティシエール今日のおやつ」より

視覚と聴覚を刺激するYouTubeでのレッスン動画が大人気！

デザートパレット®

ながのゆうほ先生

HP：**https://ptdessert.com/instaline/**

HP

レッスンコンセプト：

- お菓子づくりに関わる人、みんなが笑顔に！
- 経験・機材・キッチン不要で、テンプレートを使ってあなただけのお菓子教室をオープン！
- お菓子教室の開業、オンライン化のお手伝い
- パティシエの方やお菓子教室の先生へ、頑張った分だけ収入になる、楽しくお菓子の仕事を続けられる方法をご案内

主な生徒さん：

年齢は20代から60代まで幅広く、ママでお菓子教室をしている方やパティシエ。お菓子や教室に対する情熱がとても高い方。

レッスン単価：

1 DAY セミナー 3,000円〜（イベント時は1,000円）

※サポートについては個別相談をした後にセミナーでお菓子教室の開業についてお話しさせていただいています。

Q YouTubeを活用したファンづくりのための無料レッスンは、集客にどのように役立っていますか？

　大変ありがたいことに、配信しているレシピ動画を見て、「動画のつくり方を教えてほしい、レッスンに活用できるならとてもうれしい！」というお声をいただくことも多いです。日々発信していたことが信頼につながっていると実感できています。

Q YouTubeを活用したファンづくりのための無料レッスンをやっていてよかったと思ったことを教えてください。

　私のYouTube動画を見て、ファンになってくださる方がおられるのはもちろんですが、レッスンで動画を活用することの魅力を知っていただけることもよかったと思っています。

　動画を使ってオンラインレッスンをすることで、リアルタイムのオンラインでは教えるのが難しいようなレシピを教えることができたり、先生の負担を大きく減らすことができます。

　生徒さんも動画を使って何度も復習ができるので、満足度の高いレッスンができ、教室のリピーターの増加にもつながります。

　動画を活用すれば、オンラインレッスンの効率化や動画販売もできるようになるので、レッスンの可能性が無限大になると思っております。私のYouTube動画を見ることで、その可能性を感じていただけているなら幸いです。

Q YouTube活用の難しい点は何ですか？

　動画をつくるのには時間もかかりますし、最初は大変です。

　私も独学でYouTubeをはじめたので、納得がいく動画ができるまで半年ほどかかってしまいました。

　また、動画ができてYouTubeに公開できたとしても、チャンネル

登録者が増えなくて悩む人も多いです。初心者でYouTubeの活用を考えている方は、動画やYouTubeの使い方を習うことで時間や労力も短縮できますので、ひとりで悩まず、教室などで教えてもらうことをおすすめします。

Q あなたの教室の成功ポイントを教えてください。

難しいことは考えず、成功している方からアドバイスをもらったことを素直に実践、即行動したことです。はじめは納得のいかないことやわからないこともありましたが、とりあえずやってみました。そして壁にぶつかってから悩むということを繰り返していって、自分も成功できるようになりました。

Q YouTubeを活用してみたいと思っている人にメッセージを。

動画づくりにはある程度時間がかかりますし、最初は大変です。

ですが、頑張ったら頑張った分だけ、すべて後から結果が絶対についてきますので、ぜひYouTubeの活用に挑戦していただきたいです。

「お店みたい！」と褒められた率99%で大人気

はかりのいらないお菓子教室
happy sweets studio

パティシエール有希乃先生

YouTubeチャンネル：
https://www.youtube.com/channel/UCzSmTqKL8PW8qCS3dXvejpA

YouTube

Q **YouTubeレッスンをしようと思ったきっかけを
教えてください。**

　本格的に YouTube チャンネルをはじめたのは、今後新しく「子ども専門のお菓子教室」の立ち上げを目指すにあたり、現在とはまったく違うターゲットの「親子」「子ども」への認知拡大をしたいと思ったのがきっかけです。特に「子ども」へのリーチを考えたときに、YouTube は最も身近でアピールしやすいツールだと思いました。

Q **YouTubeを活用したファンづくりのための無料レッスン
の魅力を教えてください。**

生徒さんから見た魅力

● レシピよりも動画のほうが、動きや生地の状態等がわかりやすい。

- 自宅で隙間時間に気楽に見られる。しかも、無料！

先生から見た魅力

- レシピよりも動画のほうが、自分の動きや生地の状態等をわかりやすく伝えられる。
- お菓子のノウハウだけでなく、自分の表情やキャラクターまで伝えられるため、ファン化しやすい。
- バズった動画が出ると、Google 検索のトップや YouTube のオススメで表示されやすくなるため、放置していてもそこから集客につながる。

Q YouTubeを活用する上で難しい点は何ですか？

　きちんとした動画をアップしようと思うと、撮影と編集が大変なこと。すごく手間がかかるので、編集はプロに丸投げしていますが、当然その分お金がかかります。

Q YouTubeで人気を得たり、再生回数やチャンネル登録者を増やすために必要なことは何だと思いますか？

　一番は、この動画を見てほしいターゲットのニーズ（悩みの解決、欲求を満たす）にドンピシャで応えること。

- 検索されやすいワードをタイトルに入れる（SEO 対策）。
- ひと目で興味を引くサムネイル。
- 本気でチャンネル登録数を増やしたいなら、投稿回数を上げること。

あなたのレッスンスタイルを考えよう！

下記を参考に自分に向いているレッスンスタイルを考えてみましょう。

レッスン選びの参考になる要素	レッスンスタイル
・自宅を教室に使える ・まだ売上は少なく資金もない ・自宅で人をもてなすのが好き ・未経験だけど、まずははじめようと考えている	自宅対面レッスン
・海外または通いにくい場所に住んでいる ・自宅に人を呼んで教室ができない ・パソコンやインターネットは苦手ではない ・収益性の高いレッスンを開催したい	オンラインレッスン
・自宅に人を呼んで教室ができない ・一度にたくさんの人を集めてレッスンをしたい ・車の免許を持っている（材料運搬に車が使える） ・会場費を払っても利益が出せるレッスン価格と集客力がある	レンタルスペース・キッチンでのレッスン
・教室（レッスン会場）に投資をすることができる ・教室業に本気で取り組むと決めている ・仕事とプライベートのメリハリをつけたい ・教室の世界観を大切にしている ・つくった料理を販売したい	自分のアトリエでのレッスン
・飲食店をすでに運営している、あるいは開業予定 ・店での売上以外にも収入の柱がほしい ・店舗の一部をレッスンスペースにできる ・一定の時間を教室の仕事にまわすことができる	店舗でのレッスン
・スマホやカメラを使って動画撮影ができる ・動画編集ができる（またはこれらを外注できる） ・時間を使わずに収入が得られるレッスンを開催したい ※サブスクの場合は解約されないようにフォローが必要	動画レッスン
・座学だけでも満足感の得られるレッスンができる ・一度にたくさんの人を集めてレッスンをしたい ・収益性の高いレッスンを開催したい	座学レッスン（講座）

3 章

選ばれる対面レッスンの
の
教室づくり

Lesson 1

「二度と行きたくない 教室」にならないために

▌「二度と行きたくない教室」の共通点は？

「あんな教室には二度と行きたくない！」。そんな気持ちになったことはありますか？　残念ながら、そんな教室に出会ってしまったという方の声を聞いたことがあります。

「二度と行きたくない教室」の共通点は、「生徒さんへの思いやりに欠けている教室である」ということです。

具体的にどのようなことなのか考えてみましょう。

▌「生徒さん目線」で考えよう！

真っ先にあげられるのは「清潔感がない」「衛生的に問題を感じる」ということです。飲食物を扱うレッスン会場が散らかっていたり、作業台が汚れていたり、べとついたりしていると、「ここでつくったものを食べても大丈夫なの？」という気持ちになりますね。「食器のふちが欠けていた」「食材が買い物袋に入ったまま置かれていた」なども、教室の評価が下がる原因になります。

また、「初めて行った教室なのに、席にも案内してもらえず、先生は常連の生徒さんとばかり話していてがっかりした」という声も聞いたことがあります。

生徒さんの立場になってみれば、してもらいたいこと、してもらいたくないことが見えてくるはずです。

「生徒さん目線」で考えることが何よりも大切なのです。

「ずっと通いたい教室」になるためのチェックリスト　その1

衛生面と清潔度のチェックリスト	床やテーブルにゴミや髪の毛などが落ちていませんか？	
	棚やテレビ、装飾品にホコリが溜まっていませんか？	
	テーブルや調理器具、食器が汚れていたり破損したりしていませんか？	
	子どものおもちゃや服、家族の私物が目につくところに置いてあったりしませんか？	
	食材は新鮮で美しいものを用意していますか？	
	食材や調理器具はホコリや汚れがつかないようにラップや覆いをかけて準備していますか？	
	玄関・廊下・洗面所・トイレ・キッチンなど生徒さんが立ち入る場所は掃除が行き届いていますか？	
	手洗い用せっけんおよび食器用洗剤は最低 1/3 以上は入っていますか？※1	
	ペーパータオルを流しや手洗い所に用意していますか？（タオルではないほうが望ましい※2）	
	食品への直接散布可能な消毒用アルコールスプレーを用意していますか？	

※1　あまり少ないと生徒さんが使いたいときになくなってしまう可能性があります
　　し、遠慮して十分に使えない生徒さんもいるかもしれません。

※2　繰り返し使う布のタオルだと雑菌が繁殖したり、他の生徒さんとの接触も招い
　　てしまいます。使い捨てのペーパータオルを用意しましょう。

どれだけ○がつきますか？
もし、○がつかないところがあったら
改善して○がつくようにしましょう

対面レッスンで特に
評価される「おもてなし」の心

▌できる限り生徒さんの負担を減らす

私が自宅で対面レッスンをしているとき、常に気にかけていたのは**「生徒さんが迷ったり不安になったりする時間をつくらない」**ということです。

そのために、駅から自宅までの道のりを実際に歩いて動画を撮り、「ここで〇〇橋を渡ります」「△△商店の角を左折します」などと解説を入れて、生徒さんにお送りしたりしていました。

初めての教室への道のりは不安なものです。これが解消されるだけでも生徒さんの心配や緊張といった**負担**はうんと軽くなります。

▌そのときの生徒さんの気持ちに寄り添って

チャイムが鳴ったら、できるだけお待たせせず、明るい笑顔と歓迎の気持ちを込めた挨拶で生徒さんをお迎えしましょう。**先生に歓迎されていると感じた生徒さん**は、**不安や緊張もほぐれる**はずです。また、「ここが〇〇さんのお席です」とご案内すると、さらに安心されるでしょう。お席に案内するついでに、手洗い所やトイレの場所もお伝えして「ご自由にお使いくださいね」とひと言添えると喜ばれます。よそのお宅のトイレや洗面所を「貸してください」とは言いにくいものだからです。

「おもてなし」とは**相手の気持ちに寄り添った対応**をすること。

それが先生や教室への評価にもつながっていくのです。

「ずっと通いたい教室」になるためのチェックリスト　その2

礼節と 思いやりの チェックリスト	明るい笑顔と挨拶で生徒さんをお迎えしていますか？	
	手洗い所やトイレの場所を伝えていますか？	
	生徒さんが迷わないよう、席や荷物置き場を最初に案内していますか？	
	レッスン会場の気温や湿度は快適ですか？	
	生徒さん同士でも名前を呼び合えるように、名札を準備するなどの工夫をしていますか？	
	レシピや調理器具、食材などはちゃんと人数分用意できていますか？	
	態度や待遇に分け隔てはありませんか？	
	生徒さんを尊重する丁寧な言葉遣いができていますか？	
	初めてご参加の生徒さんが溶け込めるようにご紹介などの工夫をしていますか？	
	「大丈夫ですか？」「わからないことはありませんか？」など、生徒さんの状況を確認しながらレッスンを進めていますか？	

3 対面レッスンに必要な 設備と道具

▌自宅で使う器具を教室でも使えるか？

　レッスン内容にもよりますが、お菓子・パン・料理教室を開業するには**最低限の調理器具**が必要になります。

　コンロやオーブン、電子レンジ、ミキサーやフードプロセッサーなどの電気調理器具、包丁やペティナイフ、まな板、へらやお玉、鍋やフライパン、泡だて器、ボウルなどの調理器具。はかりや計量カップ、計量スプーン、さらにケーキ型、パン型、抜型といった計量や成形のための道具も必要になります。

　また、生徒さんが直接使うことはないかもしれませんが、冷蔵庫や冷凍庫もある程度の大きさのものが必要になるでしょう。

　日常で使っている道具でも、**古びて見た目の清潔感を損なってしまった道具**は教室では使わず、**新しいもの**を用意しましょう。

▌レッスンスタイルによって変わる調理器具の数

　私が主宰していたお菓子教室は2人一組、あるいはグループでひとつのお菓子をつくってもらうスタイルでした。なので、2人分のパウンドケーキをひとつのボウルで一緒につくってもらい、それぞれの型に入れて2本焼くという手順になっていました。

　ということは、ボウルやハンドミキサーは**2人にひとつ**あればよいのですが、ひとりですべての作業を体験してもらうレッスンのときは、道具は**ひとりにつきひとつ**必要になります。このようにレッスンスタイルによって必要となる調理器具の数も変わるのです。

対面レッスンに必要な設備と道具

各種教室に必要な設備

ガスや**電気**などの最低限の設備は必要です。
場合によっては電気容量を増やすための工事（アンペア変更工事）が必要になることもあります。
①**水道**、②**冷蔵庫・冷凍庫**、③**エアコン**はもちろんのこと
レシピ印刷のために、④**パソコン**、⑤**プリンター**が必要になるでしょう。

> それぞれの教室に必要なものに○
> あればよいというものに△をつけています

各種教室に必要な道具

	お菓子	パン	料理		お菓子	パン	料理
ガスコンロ	△	△	○	各種包丁	○	○	○
電気コンロ	△	△	△	ペティナイフ	○	○	○
電子レンジ	○	○	○	まな板	○	△	○
電気オーブン	○	○	○	菜箸			○
ガスオーブン	△	○	△	フライ返し			○
炊飯器			○	お玉	○	△	○
フードプロセッサー	○	○	○	ホイッパー（泡だて器）	○	△	○
ミキサー	△	△	△	シリコンべら	○	○	△
ハンドミキサー	○	△	△	木べら	○	○	○
パンニーダー（パン捏ね機）		○		ザル	○	○	○
発酵器		○		おろし金	○	○	○
ポット	△	△	△	めん棒	○	○	△
フライパン	△		○	粉ふるい	○	△	△
鍋	○	○	○	ボウル	○	○	○
フライヤー・天ぷら鍋	△	△	△	バット	○	○	○
キッチンスケール（はかり）	○	○	○	各種焼き型	○	○	
計量カップ	○	○	○	各種抜き型	○	△	△
計量スプーン	○	○	○	絞り袋・口金・パレットナイフ	○	△	△

この表はあくまで目安です。
レッスン内容によっては、もっとたくさんの道具が必要なこともありますし、逆に必要ないこともあります。
また、レッスンスタイルによっては、同じ道具を複数個用意しなければならないこともあります。

Lesson

4

同じメニューでも コンセプトが変わると 経費が変わる!?

▌ 同じケーキが500円だったり1万円だったりする理由

「同じ種類のケーキなのに、お店によって値段が全然違う!」という
経験をされたことがある方も多いと思います。

　スーパーマーケットで売られているパウンドケーキは1本500円未
満なのに、一流ホテルで売られているパウンドケーキは1本1万円以
上することもあります。

　これは何が違うのかというと、材料などの原価が違うのはもちろ
ん、そもそものコンセプトが違うのです。

▌ コンセプトの違い＝経費の違い＝レッスン料の違い

　スーパーマーケットで500円未満で買うことができるパウンドケー
キは「家族と楽しむ日常のおやつ」というコンセプトを持っています。
だから、毎日食べてもお財布に優しい価格に設定されています。それ
に対して一流ホテルの1万円以上のパウンドケーキは「**大切な方への
特別な贈り物**」というコンセプトを持っています。だからこそ、材料
も厳選されたものを使い、デコレーションやラッピングなどの演出に
もこだわりを持っています。

　これらがレッスンなら「日常のおやつ」のケーキは、ラップにくる
んでタッパーでお持ち帰りいただけますが、「特別な贈り物」のケー
キは、脱酸素剤とともに密封性の高い袋に入れ、ギフトボックスに入
れてリボンをかける……という**手間も経費もかかった状態**になります
ね。この**経費の違いがレッスン料の違い**になるわけです。

コンセプトが違うと経費もレッスン料も変わる

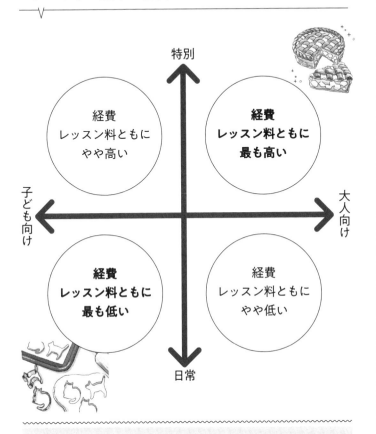

特別

経費
レッスン料ともに
やや高い

**経費
レッスン料ともに
最も高い**

子ども向け

大人向け

**経費
レッスン料ともに
最も低い**

経費
レッスン料ともに
やや低い

日常

どんな人をターゲットに設定するかによって、同じメニューでもレッスンコンセプトや経費、レッスン料は変わってきます。

上の図を例にすると、「大人をターゲットにした特別な日に食べるお菓子」が最も材料や包装にお金をかけて高いレッスン料を設定することになります。
逆に「子どもをターゲットにした日常に食べるお菓子」は材料も包装もシンプルで最も安価な設定になります。

この例は、**一概にそのお菓子の相場でレッスン料を決められない**ということを表わしています。

赤字になってない？ 経費と原価計算について 知ろう

▋ 人気教室なのに赤字教室!?

　私が運営している女性専用の WEB ビジネススクール「花開くアカデミー」の生徒さんで、現在では**月商100万円を超える**人気のパン教室の先生がこんなことをおっしゃっていました。

「以前はパン教室は赤字なのが当たり前だと思っていました。なので、別の仕事をしてパン教室を運営するための経費をまかなっていました」

　会社員からするとびっくりしてしまう話かもしれませんが、教室業の先生には「**人気だけど赤字**」というケースも珍しくありません。

▋ 自分の時給を忘れていませんか？

　なぜそのようなことが起こるのかというと、経費に対してレッスン料が安すぎるからです。特に「**自分の時給を計算に入れていない**」先生があまりにも多いのです。経理の勉強をしたことがある方はご存じでしょうが、ビジネスには損益分岐点というものがあります。これを計算せずに、相場や感覚で価格設定をしてしまうと、実情には当てはまらないレッスン料になってしまいます。「レッスン内容に魅力があって、サービス満点！　価格もリーズナブルで大人気の教室」が**集客すればするほど赤字になってしまう**のはそのためです。長く続けられる教室になるためには、**きちんと利益の出せる教室**になる必要があります。右ページを参考に価格設定を見直してみてくださいね。

146

レッスン料からの利益の考え方

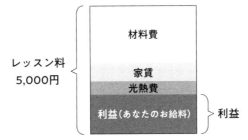

レッスン料
5,000円

材料費

家賃

光熱費

利益（あなたのお給料） — 利益

私はレッスン料約5,000円のお菓子教室でした。
あなたが同じような教室だったとして、
あなたのお給料や利益について一緒に考えてみましょう。
レッスン料が5,000円だと、内訳は上図のようになります。

レッスン原価の考え方

	1gの価格	使用g数	原価
小麦粉	0.25	200	50
グラニュー糖	0.2	200	40
卵	0.4	200	80
バター	2	200	400
塩	0.95	2	1.9
ブランデー	2.5	60	150
栗の渋皮煮	6.5	220	1430
箱	50	1	50
型紙	11	2	22
コピー用紙	5	3	15
メニュー原価		2238.9	

材料の価格を1g単位で計算します。
今回のレッスンが「栗のパウンドケーキ」を2本焼いて持ち帰れるレッスンだったとしましょう（私のレッスンでは1回でパウンドケーキ2本が普通でした）。
パウンドケーキの材料費（原価）は繰り上げして2,239円です。
そこにお茶菓子代として387円を足します。
2,239円＋387円＝2,626円ですから**原価は2,626円**。なんとレッスン料の**53%**にもなるのです。

5,000円（売上）−2,626円（原価）＝2,374円という計算になりますが、
2,374円＝あなたのお給料ではありません。
ここからさらに家賃や光熱費を差し引いたものがあなたのお給料になります。
もし、生徒さんが**ひとり**しか来なくて、レッスンが**3時間**と考えると**時給は多くても**
700円程度になりますね。
日本の平均最低賃金より**200円以上も低く**なってしまうのです。
しかも、これはレッスン日前後の準備やフォローなどの時間は勤務時間として計算していません！ **いかに今のあなたのレッスン料が安いか**がわかりましたか？

人気教室に必須の
クチコミを獲得する方法

▌集客したければクチコミを集めよ！

新規の生徒さんに選ばれる人気の教室は、たいていクチコミの多い教室です。なぜかというと、**人はお店が出している宣伝内容よりも、お客さま側のレビュー（評価）のほうを信じる**からです。

クチコミにはレビューと同じか、ときに**それ以上の説得力があります**。

▌クチコミがもらえる「状況」をつくろう

今はSNSからお店の情報を集める時代になっています。おいしいお店もInstagramの投稿＝クチコミから探すという人が増えました。教室にも同じことが言えます。

Instagramをはじめとする SNS で、生徒さんが投稿する魅力的なレッスンの紹介を、まだ見ぬ生徒さん候補の方が目に留めて興味を持ってくださる。このような流れがたくさんできている教室が、人気教室になっているのです。

生徒さんに自発的にクチコミを投稿してもらうには、**期待以上に満足していただけるレッスンを提供する必要があります**が、それだけでなく、**こちらからクチコミを書いてもらえるように誘導する**こともできます。私の教室が人気になれた理由のひとつに「クチコミの多さ」がありました。そこには、自然にクチコミが増えただけでなく、実は「クチコミキャンペーン」を開催したり、**クチコミがもらえる状況を自分でつくっていた**という背景があったのです。

クチコミをもらう具体策

私自身、クチコミキャンペーンをよく開催していました。
53ページでもご紹介したポイントカードを活用して、
「〇月中にクチコミをくださった方はポイント2倍！」

というキャンペーンを開催したこともあれば、

「今すぐInstagramにレッスン写真を投稿してくださったらプレゼントのお渡し」 など、その場で投稿していただいたこともありました。

ただ、キャンペーンだけでは、なかなかクチコミはいただけません。
ベースにレッスンに対する **満足度の高さ**「受講してよかった！」という気持ちがないと、いくらプレゼントがあってもクチコミを投稿してもらうのは難しいものです。

「レッスンに対する満足度」×「キャンペーン」⇒クチコミ が正解だと考えましょう。

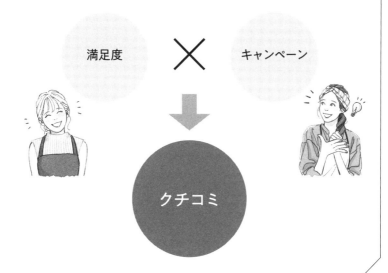

レッスンで失敗してしまったら……

▌最悪の失敗でも対応次第で挽回できる

　私の体験になりますが、お菓子教室時代に**大失敗**をしてしまったことがあります。しかも一度や二度ではありません。どんな失敗をしたのかというと、「計量ミス」「指導ミス」「ダブルブッキング」など、およそ考えられる最悪の失敗の数々を経験しています。

　ここでは、それに対して私がどんな対応をして乗り越えてきたかということを参考にしていただきたいと思います。

▌「先生、失敗してくれてありがとう！」

　失敗したときには、一にも二にもまずは謝罪です。**誠意を持って心から謝罪**しましょう。言葉で気持ちを伝えることは大切です。

　そして、私の場合ですが、生徒さんの評価を挽回するために、「**むしろ失敗してくれてありがとう！　先生！**」と言われるくらいのフォローをするようにしていました。

　計量ミスで、クッキーがドロドロになってしまったときには、つくり直しやレッスン料の返金はもちろん、ケーキ型や製菓材料をプレゼントしたり、「先生が失敗してくれたおかげで得しちゃった」という状況をつくるようにしていました。努力の甲斐あって、レッスンは失敗したにもかかわらず、変わらずリピーターでいてくださり、「素敵なレッスンでした」というご感想もいただけました。

　最悪なのは**失敗をごまかしたり、なかったかのようにふるまうこと**です。失敗の責任を取るのも、**先生の力量のひとつ**なのです。

レッスンで失敗したら……

**まずは
謝罪**

ごまかしたりもみ消したりせず
誠意をもって
「申し訳ありませんでした」と
謝罪しましょう。

> 謝罪だけだと「損した」感が
> ぬぐえないので私は**「得した」**と
> 思っていただける何かを用意します

補償

「なんだか損した」という
気持ちのままいていただくよりは、
具体的に何かをすることで
失敗を補いましょう。
例：レッスン料の返還やプレゼント

**好感度
UP！**

「得した！」という気分になれば
うれしいので、教室に対する
好感度もアップします。

**さらなる
信頼**

きちんと謝罪すれば、
**「こちらの気持ちを考え、
責任を取ってくれる誠実な先生**
なんだなあ」とより強い信頼を
持ってくださるようになります。

最大の恐怖である
「キャンセル」を防止するには

■ キャンセルほどつらいものはない??

「予約が入らない」ということで悩んでいる先生も多いと思いますが、実際に経験してみると「キャンセルほどつらいものはない」と感じる方が多いのではないでしょうか?

なぜなら、キャンセルになるまでは「予約が入った」といううれしい状態があります。それがキャンセルとなると、うれしい気持ちが一気にしぼんでしまいます。**気持ちが上がっていた分、下がったときの落差が大きいのです。**

■ キャンセルできないルールをつくる!

さらに実害も大きいです。直前のキャンセルだと、すでに道具や材料を用意していることもあります。その予約が埋まらなければ、**お金をかけて用意したものが無駄になる、つまり赤字になることもあるの**です。こちらが損害を被るようなキャンセルをした生徒さんとの間には、**わだかまりができてしまう**ことも少なくありません。

そう考えると、「なんとしてもキャンセルを発生させたくはない!」という気持ちになりますよね。そのためには「**キャンセルできないルール**」を設けてしまうのが一番楽な方法です。

私の場合、「1週間前までは無料でキャンセルできる」というルールでしたが、最終的には「キャンセルによる返金なし」というルールに変更しました。こうすることにより予約のハードルは上がったものの、最大の恐怖であるキャンセルをほぼなくすことができました。

キャンセル防止策

一番の防止策は、
「キャンセル不可」で「振替レッスン」を導入すること！

これまでのキャンセル状況

←

8日前	一週間前	3日前	レッスン当日
キャンセル料0% **キャンセル多発日**	キャンセル料30%	キャンセル料50%	キャンセル料100%

現在のキャンセル状況

←

3日前	レッスン当日
振替料（受講料の50%）追加で受講可	振替料（受講料の50%）追加で受講可

> **「入金後のキャンセル不可」**
> **＝返金なし**を原則とし、
> その代わりに**「振替レッスン」**を
> 導入。レッスン3日前には
> 食材を手配済みのことが
> 多いため振替料が発生します。

開業準備物のリストをつくろう！

　下表と３章３「対面レッスンに必要な設備と道具」（143ページ）で
ご紹介した準備物リストを参考にしながら、ご自身の教室開業に必要
だと思うものをリスト化していきましょう。

	デモンストレーションのみ	デモ＆マンツーマンレッスン
自宅での対面レッスン	◎自宅でのレッスンスペース・改装 ◎デモ用の機材と道具 △来客用食器類 ○パソコンとプリンター	◎自宅でのレッスンスペース・改装 ◎デモ＆生徒さん1名分の機材と道具 ○来客用食器類 ○パソコンとプリンター
自前のアトリエでの対面レッスン	◎自宅改装・賃貸スペースなど ◎デモ用の機材と道具 △来客用食器類 ○パソコンとプリンター	◎自宅改装・賃貸スペースなど ◎デモ＆生徒さん1名分の機材と道具 △来客用食器類 ○パソコンとプリンター
レンタルスペースでの対面レッスン	◎レンタルスペースやキッチンの確保 ◎デモ用の機材と道具 △来客用食器類 ○パソコンとプリンター（自宅に） △道具運搬用の車（状況による）	◎レンタルスペースやキッチンの確保 ◎デモ＆生徒さん1名分の機材と道具 △来客用食器類 ○パソコンとプリンター（自宅に） △道具運搬用の車（状況による）
店舗での対面レッスン	◎店舗内レッスンスペース ◎デモ用の機材と道具 △来客用食器類 ○パソコンとプリンター	◎店舗内レッスンスペース ◎デモ＆生徒さん1名分の機材と道具 △来客用食器類 ○パソコンとプリンター
オンラインレッスン	◎デモレッスンスペース ◎デモ用の器材と道具 ◎WEB カメラ内蔵パソコンかタブレット、またはスマホ（外付け WEB カメラでもよい）	◎デモレッスンスペース ◎デモ用の器材と道具 ◎WEB カメラ内蔵パソコンかタブレット、またはスマホ（外付け WEB カメラでもよい）
動画レッスン	◎デモレッスンスペース ◎デモ用の器材と道具 ◎スマホ・ビデオカメラ ◎撮影用機材（三脚やライトなど） ○パソコン	

◎……絶対に必要なもの　○……あったほうがよいもの　△……場合によっては必要なもの

　まずは下表を見ながら自分のレッスン開催場所とレッスンスタイルを考えましょう。自宅での対面レッスンを開催し、複数の生徒さんを集めるなら、「自宅での対面レッスン」と「デモ＆グループレッスン」が交差する欄に必要な設備が書いてあります。

　逆に準備できる設備からレッスンスタイルを選ぶこともできますね。

	デモ＆グループレッスン	座学のみ
	◎自宅でのレッスンスペース・改装 ◎デモ＆生徒さん人数分の機材と道具 ○来客用食器類 ○パソコンとプリンター	◎自宅でのレッスンスペース・改装 △ホワイトボードなど △来客用食器類 ○パソコンとプリンター
	◎自宅改装・賃貸スペースなど ◎デモ＆生徒さん人数分の機材と道具 △来客用食器類 ○パソコンとプリンター	◎自宅改装・賃貸スペースなど △ホワイトボードなど △来客用食器類 ○パソコンとプリンター
	◎レンタルスペースやキッチンの確保 ◎デモ＆生徒さん人数分の機材と道具 △来客用食器類 ○パソコンとプリンター（自宅に） △道具運搬用の車（状況による）	◎レンタルスペースやキッチンの確保 △ホワイトボードなど △来客用食器類 ○パソコンとプリンター（自宅に）
	◎店舗内レッスンスペース ◎デモ＆生徒さん人数分の機材と道具 ○来客用食器類 ○パソコンとプリンター	◎店舗内レッスンスペース △ホワイトボードなど △来客用食器類 ○パソコンとプリンター
	◎デモレッスンスペース ◎デモ用の器材と道具 ◎WEBカメラ内蔵パソコンかタブレット、またはスマホ（外付けWEBカメラでもよい）	◎レッスンスペース ◎WEBカメラ内蔵パソコンかタブレット（外付けWEBカメラでもよい）
		◎レッスンスペース △ホワイトボードなど ◎スマホ・ビデオカメラまたはWEBカメラ（Zoom録画でも可能なので） ○撮影用機材（三脚やライトなど） ○パソコン

ここではレッスン開催に必要なスキルと教材についてお教えします。前ページではご自身の「環境的な条件」、このページでは「能力的な条件」を確認しながらレッスンスタイルを考えることができます。

	必要なスキル	必要な教材
自宅での 対面レッスン	◎調理スキル ◎講師スキル ○レシピ作成スキル ○写真撮影スキル ○パソコンスキル	◎レシピやテキスト ◎食材（人数分） ○試食（人数分） ※デモンストレーションのみの場合は食材＝試食になることも ※座学の場合はテキストのみ
自前の アトリエでの 対面レッスン	◎調理スキル ◎講師スキル ○レシピ作成スキル ○写真撮影スキル ○パソコンスキル	◎レシピやテキスト ◎食材（人数分） ○試食（人数分） ※デモンストレーションのみの場合は食材＝試食になることも ※座学の場合はテキストのみ
レンタル スペースでの 対面レッスン	◎調理スキル ◎講師スキル ○レシピ作成スキル ○写真撮影スキル ○パソコンスキル	◎レシピやテキスト ◎食材（人数分） ○試食（人数分） ※デモンストレーションのみの場合は食材＝試食になることも ※座学の場合はテキストのみ
店舗での 対面レッスン	◎調理スキル ◎講師スキル ○レシピ作成スキル ○写真撮影スキル ○パソコンスキル	◎レシピやテキスト ◎食材（人数分） ○試食（人数分） ※デモンストレーションのみの場合は食材＝試食になることも ※座学の場合はテキストのみ
オンライン レッスン	◎調理スキル ◎講師スキル ◎レシピ作成スキル ◎写真および動画撮影スキル ◎パソコンスキル	◎レシピやテキスト（データ） ◎食材（デモ分のみ） ※座学の場合はテキストのみ
動画 レッスン	◎調理スキル ◎講師スキル ○レシピ作成スキル ◎写真および動画撮影スキル ◎動画編集スキル ◎パソコンスキル	◎レシピやテキスト（データ） ◎食材（デモ分のみ） ※座学の場合はテキストのみ

▌あなたの開業棚卸表

　下の表を使って、「現段階であなたが持っているもの」「新たに入手する必要があるもの」を確認しましょう。3章3「対面レッスンに必要な設備と道具」（143ページ）もぜひ参考にしてくださいね。

あなたの教室開業準備物棚卸表	
すでに持っているもの	
できれば買い替えが望ましいもの （例：パソコン⇒WEBカメラ内蔵パソコンに）	
すぐに準備すべきもの （例：撮影用機材）	
開業前に準備すべきもの （例：生徒さん用の道具）	
開業後でも準備が間に合うもの （例：クリスマスレッスンで使う食器）	

　教室開業にあたって自分の能力がどのレベルなのかをチェックしてみましょう。「要勉強！」なら今からぜひ勉強しましょう。

あなたの教室開業必要スキル棚卸表			
調理能力（お菓子・パン・料理を上手につくれる）	要勉強！	要ブラッシュアップ！	合格！
指導力（講師として人に指導できる、教材がつくれる）	要勉強！	要ブラッシュアップ！	合格！
レシピ開発力（オリジナルレシピがつくれる）	要勉強！	要ブラッシュアップ！	合格！
初級パソコンスキル（ワードやエクセルでレシピがつくれる）	要勉強！	要ブラッシュアップ！	合格！
撮影スキル（スマホやカメラで美しい料理写真が撮れる）	要勉強！	要ブラッシュアップ！	合格！
文章力（メールなどで礼儀正しい文章が書ける）	要勉強！	要ブラッシュアップ！	合格！
集客力（SNSやWEBサイトから生徒さんを集められる）	要勉強！	要ブラッシュアップ！	合格！
経営能力（起業や教室運営、経理の知識がある）	要勉強！	要ブラッシュアップ！	合格！

教室のレイアウトを考えよう！

　玄関からレッスンテーブルまで、レッスンテーブルから手洗い所やトイレ、キッチンまで。どのようなレイアウトにすれば、生徒さんや自分自身がスムーズに動けるのかを考えましょう。参考に私の自宅教室のレイアウトをご紹介します。

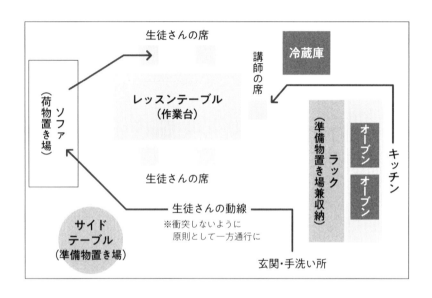

　私は自宅のリビングをレッスン会場として使っていましたが、大きな作業台を入れると人がすれ違うのも難しいような空間でした。そのため、玄関から生徒さんをどの順番で席に案内するかも工夫していました。お菓子のレッスンとなると、使う道具や材料（ボウル）もたくさんになりますので、作業台だけでなく準備物置き場として大きなスペースが必要になります。

　ご自身の会場をどううまく使うか、工夫してみてくださいね。

事前事後のフォローメールを考えよう！

　メールには人柄が現われるもの。「せっかくレッスンに申し込んだのに事務的でそっけない文面の返事が届いてがっかりした」という経験をお持ちの方もいらっしゃるかもしれませんね。

　せっかくレッスンにご予約くださった生徒さんにそんな思いをさせないように、メールの文面には気をつけたいものです。

　ビジネスメールにはルール（型）があります。その型通りにあなたの心のこもった文面を当てはめて、**メールテンプレートをつくっておきましょう**。

　ビジネスメールと言っても、時候の挨拶などの仰々しい文章は必要ありません。「**お申し込みいただいてうれしいです！**」「**お会いできるのを楽しみにしています！**」。これらのあなたの気持ちが伝われば十分です。

　次のページ以降に①レッスン申し込み受付メール、②レッスン前日のリマインドメール、③レッスン終了後のお礼メールと３種類のメールサンプルがありますので、これらを参考にあなたらしい素敵なメールをつくってみてくださいね。

▌顔文字はNG？

　これは相手と内容によります。親しい生徒さんなら OK の場合もありますし、**初めての方や謝罪のメールには避けるべきでしょう**。また使うとしても少なめに！　多用すると、不真面目で馴れ馴れしい印象を与えてしまう恐れもありますよ。

①レッスン申し込み受付メールサンプル

構成を参考にあなたらしい文章で仕上げてくださいね。

メールタイトル	○○レッスンへのお申し込みありがとうございます。
宛名	○○様
挨拶・お礼	○○レッスンへのお申し込みありがとうございます。
名乗り	○○教室「○○」のまつおみかこです。
結論1（用件）	お申し込みいただきました○○レッスンの詳細をご案内いたします。 長い文章になりますが、大切なお知らせになりますので最後までお読みくださいますようお願いいたします。
説明・案内・確認事項	（申し込んでいただいたレッスン内容の確認を箇条書きで） 例： 〈レッスン名〉 「クリスマスデコレーションケーキレッスン」 〈日時〉 12月5日（○）10:00〜13:00（開場：9:40） 〈レッスン料〉 11,000円（事前振込となっております） 〈準備物〉 エプロン・筆記用具・ハンドタオル・ゴム手袋（ぴったりしたもの） 長髪の方はヘアゴム・20cm角高さ20cmのケーキ箱が入る手提げ袋・保冷剤2個 ※ゴム手袋と保冷剤、手提げ袋は教室でも販売しております。 　ゴム手袋　1セット　50円／保冷剤　2個　50円／手提げ袋　1つ　150円 ※マニキュアやネイルアートをされている方はゴム手袋を必ずご利用ください。 項目ごとに〈　〉山かっこなどを使って小見出しをつくると読みやすくなります
本題	〈レッスン料のお振込みについて〉 下記口座まで○月○日（○）までにお振込みをお願いいたします。 恐れ入りますが、振込手数料はご負担くださいませ。 ○○銀行 ○○支店 普通○○○○○○○ 名義○○○○ お振込み金額　11,000円 ※期日までに連絡なくお振込みがなかった場合はキャンセルとなることもございます。 ※上記日程でのお振込みが難しい場合は、このメールにご返信いただく形でご相談ください。 〈レッスン会場へのご案内について〉 レッスン料のお振込み確認後に教室の住所と最寄駅からの地図をお送りします。
結び	それではよろしくお願いいたします。 ○○様にレッスンでお会いできるのを楽しみにしております。 結びの部分に気持ちを込めましょう
署名	「○○」 松尾美佳子 E-mail ○○○@○○○○ Website https://○○○○○

②レッスン前日のリマインドメールサンプル

生徒さんが迷わず会場にたどり着けるように、
情報に過不足がないように書きましょう。オンラインの
場合はZoomのURLとID、パスワードをお知らせします。

メールタイトル	いよいよ明日はレッスン日ですね！
宛名	○○様
挨拶・お礼	いつもお世話になっております。／いつもありがとうございます！
名乗り	○○教室「○○」のまつおみかこです。
結論1（用件）	いよいよ明日は○○レッスンですね！ ティータイムスイーツに特製クリスマスケーキを ご用意してお待ちしております。
説明・案内・確認事項	明日のレッスンの時間と準備物の確認を再度ご連絡いたします。 〈レッスン名〉 「クリスマスデコレーションケーキレッスン」 〈日時〉 12月5日（○）10:00〜13:00（開場：9:40） 〈準備物〉 エプロン・筆記用具・ハンドタオル・ゴム手袋（ぴったり） 長髪の方はヘアゴム・20cm角高さ20cmのケーキ箱が入る手提げ袋・保冷剤2個 ※ゴム手袋と保冷剤、手提げ袋は教室でも販売しております。 　ゴム手袋　1セット　50円／保冷剤　2個　50円／手提げ袋　1つ　150円 ※マニキュアやネイルアートをされている方はゴム手袋を必ずご利用ください。
本題	〈ご注意〉 ※開場時刻前はお席にご案内ができません。恐れ入りますが、9:40〜9:55にお越しください。 ※13:00終了を予定しておりますが、レッスンの進行によっては10分ほど前後することがございます。ご了承くださいませ。 ※連絡なく20分以上遅刻された場合はキャンセルとなることもございます。 ※当日の遅刻、キャンセルはメールではなく下記番号まで電話連絡をお願いします。 　○○○-○○○○-○○○○ 〈レッスン会場へのご案内について〉 このメールに最寄駅からの地図を添付しております。 JR○○線○○駅から徒歩10分となっております。 お車でお越しの場合も地図に付近の駐車場をご案内していますので、ご確認ください。 わかりにくい部分があれば遠慮なくご連絡くださいね。 このメールにご返信いただく形でも、お電話でのお問い合わせでも結構です。
結び	それでは明日は気をつけてお越しくださいね。 ○○様にお会いできるのを楽しみにしております。
署名	「○○」 松尾美佳子 住所 電話番号 E-mail ○○○@○○○○ Website https://○○○○○

レッスンがより楽しみになることを書きましょう！

前回もお知らせした内容ですが再度記載しておくと生徒さんが過去のメールを見返さずに済みます

このときは住所や電話番号も書きましょう

③レッスン終了後のお礼メールサンプル

レッスンは大仕事！　先生も
「終わった〜〜！」と脱力しがちですが、最後にもうひとつ。
忘れずにお礼メールをお送りしましょう。
このメールをお送りするまでをレッスンの
ルーティンにしたいですね。

メールタイトル	レッスンへのご参加ありがとうございました！
宛名	○○様
挨拶・お礼	本日はレッスンへのご参加ありがとうございました。
名乗り	○○教室「○○」のまつおみかこです。
結論1（用件）	もう無事ご帰宅されましたでしょうか？ 素敵なクリスマスケーキができましたね！ まるでお店に売っているケーキのような仕上がりでしたね。 ご家族の反応が今から楽しみです。
説明・案内・確認事項	本日おつくりいただいたケーキは、生クリームやフルーツをたくさん使っておりますのでご帰宅の際は、すぐに冷蔵庫での保存をお願いいたします。 レッスンでも申し上げましたが、よく冷やしたケーキを熱湯で温めたナイフでカットすると簡単に切れて、きれいな切り口になりますのでぜひお試しください。
本題	〈クチコミご協力のお願い〉 「○○」では、たくさんの方にレッスンの楽しさをお伝えしたいと考えております。 もしよろしければ○○様のケーキのお写真を Instagram や facebook でご紹介いただけましたら幸いです。
結び	それではご家族と楽しいクリスマスをお過ごしください。 よろしければ次回のバレンタインレッスンにもお越しください。 こちらも大好評で、あと○席のみのご案内となりますので参めにお申し込みください。 こちらがレッスン案内ページになります。 ↓　↓　↓　↓　↓ （レッスン案内ページのリンク） また次回のレッスンで○○様とお会いできるのを楽しみにしております。
署名	「○○」 松尾美佳子 住所 電話番号 E-mail ○○○@○○○○ ホームページ https://○○○○○

> 帰宅後の
> 注意事項を再度
> お知らせすると
> 親切です

> レッスン中に
> お互いフォロー
> し合ったり
> 友達になって
> おきましょう

> 次回レッスンのご案内と、
> **必ず申し込みページの
> リンク**を添えておきましょう

**生徒さん同士のヨコのつながりの
ありがたさと恐ろしさ**

　教室に通ってくださる生徒さんたちには「ヨコのつながり」という
ものがあります。

　たとえばあなたのレッスンで知り合って、お友達になったふたりの
生徒さん、ＡさんとＢさんがいたとしましょう。

　同じレッスンに通っている者同士、趣味や好みが似ているので「Ｂ
さんも今度一緒に○○先生のレッスンに参加しない？　○○先生の
レッスン楽しいよ」と誘い合って、新しい教室のレッスンに参加した
りすることがあります。

　このときに自分の教室に誘ってもらえたらうれしいですね。

　私の教室でもたくさんの生徒さんが、こんなふうに新しい生徒さん
を呼んできてくださって、新しい生徒さんもリピーターになっていた
だけて、どんどん生徒さんが増えていきました。

　中にはおひとりで５人もの新規の生徒さんをご紹介くださった方が
おられて、本当にありがたかったのを覚えています。

　生徒さんが「ヨコのつながり」で新しい生徒さんをご紹介くださる
のは、あなたのレッスンが楽しくて満足されたときです。
「この楽しさを友達とも分かち合いたい」と思っていただけたとき
に、大切なお友達をご紹介くださるのです。

　ご紹介をいただくためには、まずは今の生徒さんを大切にして、最
高に喜んでもらえるようなレッスンやおもてなしを用意することが大
切です。

　生徒さんの「ヨコのつながり」は、このように教室に恩恵を与えて

くれる一方で、実は恐ろしい面もあります。

　先ほどとは逆に、もしAさんがあなたのレッスンで不快な思いをし、失望したとしましょう。

「○○先生のレッスン、参加したけど大失敗だったわ」という悪い噂が「ヨコのつながり」で簡単に広まってしまうのです。

　実際に私の教室でも、レッスン中に他の教室の先生の噂をたびたび耳にしました。そこにはよい噂もあれば、悪い噂もありました。ご参考までに、悪い噂の例をご紹介しましょう。

「○○先生、レッスン内容はいいんだけど、雑談が多くて、レッスンがいつも30分以上延長になっちゃうんだよね。なかなか帰りますとも言い出せなくて困っちゃったわ」

「この間○○先生のレッスンを受けたんだけど、先生がソースを渡し忘れて、ソースなしの料理を食べることになっちゃって、すごく残念だったなあ」

　レッスンで失敗してしまうと、たちまちそのことが他の生徒さんにも伝わります。そして、それが原因で、新しい生徒さんを獲得する機会を失ったり、それだけならまだしも、「あなたが行かないのなら私も」とリピーターまで失う可能性が生まれてきます。

　このように生徒さん同士の「ヨコのつながり」にはありがたい面と恐ろしい面の両方があります。常に「ありがたい」と思えるように気を引き締めてレッスンを運営しましょう。

4 章

選ばれる
オンラインレッスンの
教室づくり

1

対面レッスンに最も近く
満足度の高い「ライブ実習型」

▎デモンストレーション＋実習という基本のスタイル

「ライブ実習型」は、オンラインであなたのデモンストレーションを
生徒さんに見ていただき、その後あなたが確認しながら、生徒さんに
実習をしていただくというスタイルのレッスンです。

　これまで一般的だった**対面式のレッスンスタイルと一番近いスタイ**
ルのレッスンですね。

▎生徒さんのペースに合わせた臨場感あるレッスンを

　先生は自分の顔を映して、ときに資料を見せながら生徒さんにレシ
ピや手順を紹介するためのノートパソコンと、**実習の際の手元を集中**
的に映すスマートフォンの2台を使うことが多いです。

　オンラインレッスンにはZoomというアプリを使いますが、「スポッ
トライト」という画面の切り替え機能を使って、資料を大きく見せた
り、実習時の手元をクローズアップしたりできます。

　生徒さんが参加されるときは、スマートフォンまたはタブレットか
WEBカメラ内蔵のノートパソコンを使います。そして、**実習時の自**
分の手元を先生に確認してもらいながら調理します。

　オンラインレッスンが初めての先生は、まず**マンツーマンで、簡単**
なメニューからはじめるのがいいでしょう。このスタイルの魅力は、
先生が実際につくっている手元をリアルタイムで見せながらレッスン
を進められるため、**目の前の生徒さんのペースに合わせることがで**
き、臨場感あるレッスンができることです。

「ライブ実習型」オンラインレッスン

先生（開催者）はノートパソコンとスマートフォン
2つのデバイスでレッスンに参加する。

ノートパソコンに接続した
外付けのWEBカメラです。
自分の顔や全体像を
映しています

※WEBカメラが内蔵されて
いないノートパソコンを使
う場合は外付けのWEBカ
メラが必要です。

スマートフォンで、
実習中の自分の
手元を見せています

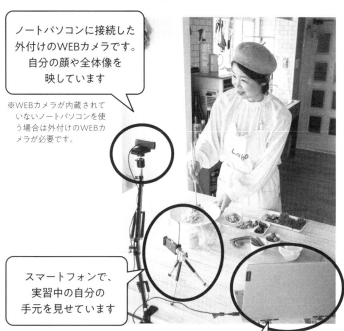

ノートパソコンで自分自身の顔や資料のスライドを
お見せしたり、生徒さんの様子を確認して
コミュニケーションを取っています

写真提供：ベジフルラボ　旬の野菜とフルーツ専門料理教室

忙しい人でも参加できる「ライブデモンストレーション型」

▌準備も後片付けも必要がないから楽々受講できる！

「ライブデモンストレーション型」とは、先生が調理しているところを生徒さんが見て学ぶというスタイルのオンラインレッスンです。生徒さんは実習をしないので、**材料も道具も、後片付けも必要ありません**。レッスン前に、先生は生徒さんにメールでレシピデータを送り、生徒さんはそれを印刷して、そこに注意事項を書き込みながらレッスンを受けます。

テレビの料理番組に近い感覚ですが、先生と生徒さんは双方向のやり取りが可能ですので、質問をしたり、わからなかったところを再度確認したりすることができます。

このスタイルの魅力は、「**生徒さんがレッスンを受講するのに手間も時間もかからない**」ということです。忙しい方でも気軽に参加することができますね。

▌ライブストリームで「実演販売」を

このレッスンスタイルは、Zoom を Facebook や Instagram、YouTube に接続して**ライブストリームとして不特定多数の視聴者に配信すること**もできます。10分程度でできる簡単なレッスンを「無料ライブレッスン」として宣伝に使っている先生もたくさんいます。そのレッスンを視聴した新規の方が、有料のレッスンに申し込んでくださることも多く、テレビショッピングの「**実演販売**」のような役割を果たすこともできるスタイルなのです。

「ライブデモンストレーション型」オンラインレッスン

先生（開催者）はノートパソコンとスマートフォン
2つのデバイスでレッスンに参加する。

ノートパソコンには
自分の顔など
全体を映し生徒さんと
コミュニケーションを
取りながらレッスン
を進めます

スマートフォンで、
実習中の
自分の手元を
見せています

生徒さんの作業の確認が不要なので、
たくさんの方にご参加いただくことができるスタイルです

写真提供：お菓子教室　アトリエMOCHIKO

学びが多く安定した
レッスン「ビデオ実習型」

■ オンラインならではの便利なスタイル

「ビデオ実習型」は、対面ではできない、オンラインならではのレッスンスタイルです。

　先生が自分のレッスンのデモンストレーションをあらかじめビデオで撮影し、それを編集してレッスン動画をつくります。

　生徒さんが参加してのレッスン時には、その動画を見ながら、生徒さんだけが実習する（調理をする）というものです。

■ 先生にも生徒さんにもメリットがある！

「ビデオ実習型」のオンラインレッスンの魅力は、生徒さんにとっては「先生のデモンストレーションを繰り返し見ることができる」ということです。録画されているので、何度も再生可能です。わからないところがあれば、巻き戻したり、再生速度をスローにしてじっくり確認することができます。

　一方、先生にとっての魅力は「レッスン時に生徒さんを見て指導することに集中できる」ということです。自分自身の調理に意識を向ける必要がないので、「生徒さんが正しい手順で調理できているか？」「失敗していないか？」などをしっかり確認することができます。また、本番のみの一発勝負のレッスンではないので、先生がデモンストレーションで失敗する可能性もありません。「失敗のない安定したレッスンができる」というのも魅力ですね。

「ビデオ実習型」オンラインレッスン

先生（開催者）はあらかじめ自分の実習内容を撮影し
編集をした「レッスン動画」を使ってレッスンをする。

> 自分の実習内容を
> スマートフォンや
> ビデオカメラで撮影し、
> 動画編集アプリを
> 使ってレッスン動画を
> 編集します

> 先生は自分の
> レッスン動画を
> Zoomで再生しながら
> 手順の解説をします

> 生徒さんは
> 動画を見ながら
> 実際に料理を
> つくります。
> 先生に質問
> することもでき、
> 自分の作業も
> 確認してもらえます

写真提供：お菓子教室　アトリエMOCHIKO

Lesson 4

好きなときに何度でも受講できる「ビデオデモンストレーション型」

▌2つの開催方法から選べるスタイル

「ビデオデモンストレーション型」が、先ほど紹介した「ビデオ実習型」と違うのは、生徒さんが「動画を見るだけで実習はしない」という点です。このレッスンの開催方法は2つあります。

1つは、先生と生徒さんがオンラインでつながった状態で、生徒さんに動画を見ていただきながら、「先生が解説する」という方法です。

もう1つは、先生と生徒さんはリアルタイムでつながることはなく、「動画販売」という形でレッスンを提供する方法です。

▌効率よく収益を上げられる動画販売

このスタイルは「動画販売」という形をとっている先生が多いですね。

自分自身でオンラインショップをつくって販売している先生もおられますし、料理教室のプラットフォームやデジタルコンテンツ販売のプラットフォームを活用して販売している先生もおられます。価格は500円〜1万円以上と様々です。

生徒さんが、ご自身の好きな時間帯にビデオを見るだけで受講できますので、お仕事をしていて夜しかレッスンが受講できないという方にもぴったりです。先生も、レッスンを開催せずにたくさんの生徒さんができて売上が上がりますから、売れるレッスンができれば効率よく収益を上げることができるスタイルですね。

「ビデオデモンストレーション型」オンラインレッスン

「レッスン動画」として販売をすることもできるスタイル。
動画に文字や効果を入れるなどの動画編集テクニックが
必要となる。

自分の実習内容を
スマートフォンや
ビデオカメラで
撮影します

撮影した動画を
アプリで編集し、
文字を入れたり
効果を追加して
わかりやすい動画を
つくります

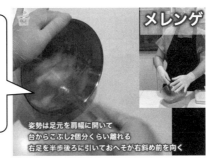

メレンゲ

姿勢は足元を肩幅に開いて
台からこぶし2個分くらい離れる
右足を半歩後ろに引いておへそが右斜め前を向く

ふわっふわっ
ふわーっ

動画編集アプリを
上手に使えば
テレビ番組のような
演出もできます

写真提供：
お菓子専門ラッピングスクール　wrapped（ラップト）
お菓子教室　アトリエMOCHIKO
お菓子教室　デザートパレット®

オンラインレッスンに必要な設備と道具

道具は開催するスタイルによって異なる

準備しなければならない道具のリストは右ページに掲載しますので、ここではそれらについて解説をします。

先生がデモンストレーションをしながら、オンラインレッスンを開催する場合は、2つのデバイスが必要です。

それはWEBカメラが内蔵されたノートパソコンとスマートフォンです。2つのデバイスそれぞれの役割を確認しましょう。

〈ノートパソコンの役割〉

・自分の顔、全体像を映す

・スライドなどの資料を映して解説

・生徒さんの手元を確認する

〈スマートフォンの役割〉

・自分の手元を映す

ノートパソコンやスマートフォンは**内蔵カメラの性能が高いもの**が必須になります。ノートパソコンに内蔵カメラがない場合は**外付けのWEBカメラ**を用意します。そして、スマートフォンを固定するために**スマホ用スタンド（スマホ用三脚）**は必須です。手元を鮮明に映し出すために**撮影用の照明（リングライトなど）**があることが望ましいですね。

また、レッスンスタイルと目的によって必要な道具は異なります（その他の道具は本章「実践編2」（184ページ）で紹介しています）。

オンラインレッスンに必要な設備と道具

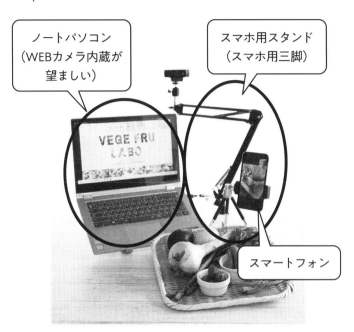

ノートパソコン
（WEBカメラ内蔵が
望ましい）

スマホ用スタンド
（スマホ用三脚）

スマートフォン

写真提供：ベジフルラボ　旬の野菜とフルーツ専門料理教室

ライト
（リングライト）

※自立するスタンド式パソコンにクリップで止めるクリップ式などもある。

外付け
WEBカメラ

※ノートパソコンにカメラが内蔵されてない場合に必要。

6

オンライン初心者の生徒さんに安心して受講してもらうために

▌ オンラインレッスンはハードルが高い!?

　コロナ禍の影響でリモートワークやオンライン授業が増えてきましたが、まだまだオンラインレッスン初心者の方もたくさんおられます。特に「パソコンが苦手」「スマホもよくわからない」という方にとってはハードルが高いものです。そういった方々を安心させるためにはいくつかのポイントがあります。

▌ オンラインレッスンをうれしいものにする３つのポイント

ポイント 1：ホームページやレッスン募集ページにオンラインレッスンの手順や準備物をわかりやすく案内する。

ポイント 2：レッスン本番の前に生徒さんと一緒に「接続テスト」をする。

ポイント 3：生徒さん側の事前の準備を丁寧にお伝えする（準備物チェックリスト作成し、お送りする。本章「実践編３」（186ページ）参照）。

　この３つのポイントをすべてクリアすれば、たいていの生徒さんのオンラインレッスンへの不安を取り除くことができます。

　特にポイント２の「接続テスト」は有効です。このときにうまく接続できないといったような問題点があっても、まだ本番ではありませんから、調べて解決する時間の余裕があります。最初は不安に思う生徒さんも、成功すると「できないと思っていたことができるようになった！」という達成感を喜んでくださいます。

オンライン初心者の生徒さんに安心して受講してもらうには以下のような案内文を書いておきましょう

ポイント**1**

レッスン紹介ページにオンラインレッスンの手順や
準備物を丁寧に書いておこう！

〈オンラインレッスン受講のために必要なもの〉

① スマートフォン
② スマホスタンドまたはスマホ三脚など
　スマートフォンを固定できるもの
③ ノートパソコン（「あれば」でOKです）

最低限①と②さえあれば設備はOKです。

ポイント**2**

必要があれば事前の接続テストも行なおう！

〈事前の接続テストもできますよ！〉

ご希望があれば事前の接続テストをすることも
できます（所要時間約10分）。
オンラインレッスンルーム「Zoom」への
ご参加は、お送りしたリンクをクリックしてIDと
パスワードを入力するだけなので簡単です。

ポイント**3**

生徒さん側の事前の準備を丁寧に伝えよう！

〈準備物リストをお送りします！〉

準備物の確認ができるチェックリストをお送りします。
リストを見ながら材料のお買い物もできますし、下ごしらえの方法なども
しっかり書いてありますので、準備万端です！
安心してレッスン日を楽しみにお待ちくださいね！

オンラインレッスン開催中の喜ばれるポイント

▌レッスンを録画して何度も手順を確認できる

オンラインレッスンには対面レッスンにはない魅力があります。たとえば、Zoom で開催しているレッスンはすべて録画ができます。生徒さんに、ご自身が受講するレッスンの録画を許可すれば、普通のレッスンなら忘れてしまうような内容でも、何度も動画で見られるのでもれなく学べます。万一、遅刻・欠席の方がいても、先生が録画を撮っていれば、後日お見せすることもできます。

録画の公開を管理して、期間限定にしておけば、対象外の方に見られてしまう危険性も減りますね。

▌巻き戻し、一時停止機能を使って詳しく確認できる

私自身がオンラインレッスンを受講して思ったことですが、「動画レッスン」にはうれしいポイントがあります。

「難しい手順を何度も繰り返して確認することができる」ということです。飾り巻き寿司のレッスンを受講した時、これまでやったことのない手順があり、よくわからなかったので先生に何度も巻き戻してもらい、確認しながらお寿司を巻きました。

YouTube で公開されている動画レッスンも同じように巻き戻して見られますが、レッスンでは先生がいてくださるので、見てもわからないことは質問できます。また、一時停止もできるので静止画で組み立ての構造をじっくり確認することもできます。実は細かいところまでチェックできるところがオンラインの魅力なのです。

オンラインレッスン開催中の喜ばれるポイント

オンラインレッスンならではの魅力があります！

**レッスン動画が
録画できる！**
1回受講しただけでは
忘れてしまうような
ことも繰り返し学んで
解消される！

**何度も巻き戻して
確認できる！**
レッスン動画を教材に
使っているからこそ
できること！
1回では理解が難しい
テクニックでも巻き戻して
何度でも確認できる！

**生徒さんにとって
満足度の高い
レッスンができる！**

写真提供：ふうのおはぎ

オンラインレッスン開催中の注意すべきポイント

▌ 最も恐ろしいのは「当日の接続不良」

レッスン当日に接続不良で生徒さんが Zoom に入って来ない、あるいは先生が入れない、ということは最も恐れるべきことでしょう。そのようなことがないように、**先生はレッスンで使うデバイスの接続の確認を十分に行なっておきます**。また、そのような状態になったときの補償もあらかじめ約束しておきましょう。「後日レッスン動画をお渡しする」「決められた期間、再受講可能」などがよいですね。

▌ オンラインレッスンでは伝わらないことがある？

オンラインレッスンは対面レッスンと違って、先生のお手本を「触る」「においをかぐ」「味わう」ということができません。

たとえば、お菓子のレッスンでパウンドケーキを焼くときに、「バターを常温に置いて**柔らかくしておいてください**」という説明の「柔らかさ」が伝わらないことがあります。そこは「**指で押したらバターが抵抗なくへこむぐらいの柔らかさ**」「**マヨネーズぐらいの固さ**」など、"たとえ"の表現を使って触らなくても理解できるように説明する必要があります。「においをかぐ」に関しては、「ツンとした刺激臭が、甘く香ばしい香りに変わるまで炒めてください」などと**変化のポイントがわかるような表現**を使いましょう。

「味わう」ということに関しては、「○○のような味」と**身近な味にたとえる方法**がありますね。

オンラインレッスン開催中の注意すべきポイント

オンラインレッスンならではの注意点があります！

オンラインレッスンで最も恐ろしいトラブル

COMPUTER

SMARTPHONE

接続不良

誰もが一度は経験するトラブル。
だからこそ、**起こってしまった場合の補償**を決めておく。

オンラインレッスンでは伝わらない「3感」

感触

におい
香り

味

「バターを柔らかくしておく」ではダメ。
「どの程度柔らかくしておくのか」を
"たとえ"を使ってイメージできるように説明する必要がある。

例：マヨネーズぐらいの固さになるまで

オンラインレッスンのプログラムをつくろう！

■ モニターレッスンをしてみよう

　２時間なら２時間、３時間なら３時間という限られた時間の中で、作品を完成させるために**タイムテーブルをつくりましょう**（右ページ参照）。まずは、時間を割り振ってみて、その後、一つひとつのプロセスを「**本当にこの時間内に終えることができるのか？**」イメージシミュレーションを行ないます。オンラインレッスンの開催が初めての先生なら、お友達にお願いしてモニターになっていただくのがよいでしょう。私が生徒さんのモニター相手を務めたときは、「**思ったより生徒さんの作業に時間がかかる**」ということがわかりました。モニターレッスンをしてみると、実際にレッスンに要する時間がわかるので、より正確なプログラムをつくることができるようになります。

■ 生徒さんにとっては事前の準備や後片付けも必要な時間

　オンラインレッスンは、生徒さんに計量などの事前の準備をお願いすることが多いです。生徒さんの準備がスムーズにできるよう**準備の手順を事前にお知らせ**しておきましょう。

　また、お菓子教室やパン教室では、発酵時間や焼き上がりまでの時間を「**お片付けタイム**」にして、レッスンプログラムの中に後片付けまで入れてしまい、生徒さんにとってレッスンが気持ちよく終わるように工夫するのもよいですね。その場合は「焼き上がり５分前にまた集合しましょう」と言って、いったんZoomから離れて休憩にします。

オンラインレッスンのタイムテーブルを
つくってみよう

レッスン名「洋酒香る基本のパウンドケーキ」

時間	手順	確認事項
9:50	開場	
10:00	スタート・挨拶	
10:05	準備物の確認	
10:10	今日のメニューのポイント確認	
10:15	レシピ解説	
10:20	バターの泡立て　デモンストレーション 実習	
10:30	卵の混ぜ込み　デモンストレーション 実習 失敗したときの対応説明	オーブン170度に予熱
10:45	粉の混ぜ込み　デモンストレーション 実習	
10:55	ブランデーを入れる　デモンストレーション 実習	
11:00	生地を型に入れる　デモンストレーション 実習	
11:10	オーブンに入れる　焼成	12分後にタイマーを合わせる 待ち時間にレッスンのポイント
11:22	ケーキに切れ込みを入れ、天板の向きを変える 引き続き焼成	保存方法・賞味期限の説明と質疑応答 ※後片付けタイム
11:35	焼き具合を確認する	
11:40	焼き上がり　オーブンから取り出す デモンストレーション 実習	
11:45	アンビベ　デモンストレーション 実習	
11:50	感想発表・総評	
12:00	挨拶・終了	箱詰め、持ち帰り準備

> 長い焼き時間タイムに
> **後片付けタイム**を
> 入れる工夫を!

> 友達に**モニター**をお願いして
> **リアルな所要時間**を確認しよう!

オンラインレッスンのビデオをつくろう！

オンラインレッスンのビデオ（動画）がつくれるようになると、より生徒さんに喜ばれるオンラインレッスンができるようになったり、動画レッスンの販売ができるようになります。

ここでは初心者の方にもつくりやすい動画レッスンのつくり方をお伝えします。

動画撮影のための準備物

①**スマートフォン**

②**スマホ用スタンドまたは三脚**

③**照明(リングライトなど)**

④**作業台**

ホームセンターなどで手に入る大きめの木の板　数千円
製菓用大理石タルト生地のし台　1.5万〜2.5万円
人工大理石タルト生地のし台　数千円　など

料理動画は
作業がよく見えるよう
また
余計なものが映り込まないよう
真上から撮影することが
多いので大きめの作業台を
用意しましょう

⑤調理器具・材料・食器

⑥動画編集用アプリ

スマホで編集するなら「Power Director」やAppleの「iMovie」があります。

パソコンで編集するならMicrosoftの「フォト」やWindowsでもMacでも使える「Filmora（フィモーラ）」などがあります。

それぞれを調べて、自分がよいと思うアプリを活用しましょう。

「iMovie」の編集画面

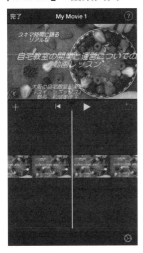

「iMovie」を使えばスマホ1本で撮影から編集まで可能。
動画の切り取りや文字入れBGMの挿入なども可能。

「Microsoftフォト」の編集画面

「フォト」には複雑な機能はないが、動画の切り取りや文字入れ、BGMの挿入の他にタイトルカードの挿入やエフェクト、3D画像などを動画に組み込むことができる。

　はじめは簡単な料理から、「クラシル」などの**料理動画サイトを参考**につくってみましょう。

　また、YouTube で活躍されているながのゆうほ先生の「パティシエール今日のおやつ」（130ページ）も撮影の勉強におすすめです。

生徒さんに送る準備物リストをつくろう！

オンラインレッスンでは生徒さんに道具や材料の準備をしていただくことになります。準備に失敗するとレッスンを進めることができなくなりますので、ぜひ**準備物リスト**をつくりましょう！

Microsoft の「Excel（エクセル）」を使えば、わかりやすく、使いやすい準備物リストができます。

ポイント1：準備物に抜けがないようにチェック欄をつくろう

ポイント2：重要な準備物は赤字で！　注釈も入れよう

準備物一覧

| メニュー名 | ホームメイドアップルパイ | | | | |

前日までにご準備いただくもの	数量	単位	保存方法・その他	チェック
チーズおろしですりおろした無塩バター	50	g	ラップでくるんで冷凍	✔
お煎餅のように平らにしたショートニング	25	g	ラップでくるんで冷蔵	✔

当日ご準備いただくもの	数量	単位	保存方法・その他	チェック
粉類				
ボウル大A　強力粉	50	g	冷蔵	
ボウル大A　グラニュー糖	30	g	冷蔵	
ボウル大A　塩	2	g	冷蔵	
水				
冷水	40	g	冷蔵	
りんごフィリング				
ボウル大B　グラニュー糖	100	g	常温	
ボウル大B　りんご3mmスライス	500	g	常温	
ボウル小A　冷水	1	大さじ	冷蔵	
ボウル小B　コーンスターチ	15	g	常温	
ボウル小C　レモン汁	1	大さじ	冷蔵	
ボウル小D　シナモン	0.5	小さじ	常温	
その他				
溶き卵	3	大さじ	常温	
道具など				
セッティングの資料を確認してください。				

備考・その他
※ボウル大Bのりんごフィリングはレッスン1時間前にはご準備ください。

> 準備が終わったら
> チェックして
> 抜けがないかどうか
> 確認します

ポイント **3**：準備イメージを写真にしておこう

当日のセッティング① 所要時間約15分

〈材料〉
①ボウル大A　粉類
②ボウル大B
　　リンゴフィリング
③ボウル小　A〜D
④冷凍無塩バター
⑤冷蔵ショートニング

〈道具〉
綿棒（ローリングピン）
スケッパー
フォーク
18cmパイ皿

ポイント **4**：準備にかかる時間やレッスンのどれくらい前に準備を終えておくべきかをお伝えしよう

「準備に15分かかる」ということであれば、それも明記しておきましょう。レッスン前までに余裕を持って準備を終える目安になります。

　あらかじめ、**自分がこのメニューをつくるときに、使いやすいように準備物をセッティングした写真を撮っておきましょう。**

「何をどんな入れ物を使って準備すればよいか？」「ボウルは何個必要か？」などの情報もわかるので、写真を見ながら生徒さんはスムーズにレッスンの準備ができるようになります。

レッスン主催者としての Zoom の使い方

▌Zoomはレッスン会場に値します！

Zoom の一般的な使い方は別として、ここでは、まず**レッスン主催者としての Zoom の心得**をお伝えしたいと思います。

Zoom とはオンラインレッスンにおいては、対面レッスンの**レッスン会場**に当たります。生徒さんをお迎えし、おもてなしをする場所だということを認識しておきましょう。

ポイント1：Zoom は有料ライセンス「プロ」を取得する

1 年分を一括で支払うと20,100円（月々 1,675円）、月々の支払いにすると2,000円になります。**「会場費」**だと考えましょう（2022年8月現在の金額）。

ポイント2：パソコンや周辺機器などの状態を整える

たとえば、ノートパソコンを無線で使っていると、接続不良で電波が途切れてレッスン中に Zoom からログアウトしてしまったり、音声や画像が乱れるというような状況になる可能性があります。

LAN ケーブルを購入してルーターとつなぎ、**インターネット接続を安定させましょう**。

ポイント3：パソコンだけでなく、スマホやタブレットでの Zoom の使い方を知って生徒さんにお教えできるようにする

自分が使えるだけでなく、生徒さんも使えるようになっていただく必要があります。そのためには、**いろいろなデバイスでの基本操作を把握しておきましょう**。

■ 主催者が把握しておくべき10の機能

①ミーティングルームの設定

　Zoom ミーティングルームの URL と ID、パスワードの設定です。これがなければ生徒さんはあなたのミーティングルームに入れません。

②ビデオと音声

　ビデオは画面に映像を映す機能、音声は音量調整の機能で、ミュートにすることで音声を消すことができます。

③名前の変更

　Zoom 参加者の映像には名前がつきますが、それを変更する機能です。

④チャット機能

　音声を使わずに文字入力で会話をする機能です。参加者全員に呼びかける機能と、任意の参加者ひとりと話ができる個別チャット機能があります。

⑤画面の切り替え（スピーカービュー・ギャラリービュー）

　参加者全員の画像が均等な大きさに並ぶのがギャラリービュー。話している人の画像だけが大きくなるのがスピーカービューです。この表示形式は切り替えることが可能です。

⑥画面共有

　自分のパソコンの画面を参加者全員と共有して見せることができます。座学講座などではプレゼンテーションをよく共有するので、使いこなせるようになっておきましょう。

⑦共同ホスト

　あなたがZoomミーティングのホスト（主催者）のとき、共同ホストといって、ホストに次ぐ権限の持ち主を指名できます。共同ホストは参加者に入室の許可を与えたり、一般の参加者にはできない、主催者を補佐するいくつかの動作を行なうことができるようになります。

⑧待合室の設定

　参加者がいきなりミーティングに入室するのではなく、ホストまたは共同ホストが許可するまで待機してもらう機能です。参加予定にない人が乱入するのを防ぎます。

⑨ピン止めとスポットライト

　ピン止めとは、１人の画像を自分の画面でアップに固定するもので、誰にでも使える機能です。スポットライトとは３人以上の参加者がいたときに、１人の画像を全員の画面に対してアップに固定するもので、主催者のみが使える機能です。

⑩録画機能

　Zoomミーティングの内容を録画できます。自分のパソコン（ローカル）かクラウドへの録画かを選ぶことができます（クラウドへの録画は有料契約をしていなければ使えません）。

　これら10の機能は、オンラインレッスン主催者として最低限知っておきましょう。

5_章

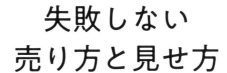

失敗しない
売り方と見せ方

選ばれる教室と選ばれない教室の違い

同じようなレッスンなのにどうして？

同じメニューを教えている教室でも、いつも満席の人気教室と、なかなか予約が入らず悩んでいる教室がありますね。この違いは何なのでしょう。1章では「メニュー写真の美しさ」が大切であるということをお話ししましたが、それだけではありません。

実はレッスンのキャッチコピーもとても大切なものなのです。

「これは私のためのレッスンだ！」

予約が取れるレッスンの**タイトルやキャッチコピーにはルール**があります。それは、生徒さんの悩みを解決したり、希望をかなえるなどの「ベネフィット」が入っていることです。ベネフィットとは一般的には「利益」「恩恵」という意味ですが、生徒さんにとっては「**レッスンを受講したときに得られる幸せ**」のことです。

スポンジケーキがふくらまなくて悩んでいた生徒さんにとっては、「ふわふわのスポンジケーキを焼けるようになる」ということがベネフィットです。

さらに「ターゲット」がはっきりしていると、なおよいですね。「スポンジケーキづくりが苦手という人のための」とタイトルに添えてあれば、「**これは私のことだ！**」と認識してもらえます。

同じような教室がある中で選ばれるためには、「このレッスンを受けると私のほしいものが手に入る」「私のためのレッスンだ」と思っていただく必要があるのです。

選ばれる教室になるために必要なことは？

選ばれる教室になるためには**ベネフィット**が必要

教室が生徒さんに提供するベネフィット（利益・恩恵）とは
「レッスンを受講したときに得られる幸せ」

スポンジケーキづくりが苦手という人
＝ターゲット

レッスンを受けたら、
ふわふわのスポンジケーキが焼けるようになり
子どもたちに「ママすごい！」と褒められる。

これが
ベネフィット

ターゲットとベネフィットを伝えて
「私のためのレッスン」と思っていただくこと！

記憶に残る「○○の先生」と呼ばれるようにしかける方法

▌「レインボーケーキと言えばこの先生」

　私がお菓子教室をしていたとき、初めて出会った人にいきなり「レインボーケーキの人！」と呼ばれたことがあります。虹をイメージしたカラフルなケーキのレッスンは当時ご好評をいただいていて、大阪の教室まで、東京や神奈川、広島や鹿児島からも生徒さんがレッスンにお越しくださっていました。「レインボーケーキと言えばこの先生」と認識していただけていたのでしょう。

▌ナンバーワンになるか？　オンリーワンになるか？

　人の記憶に残るには2つの方法があります。「ナンバーワンになること」と「オンリーワンになること」です。

　その道でナンバーワンになることは至難の業ですが、他の人があまりやっていないことに特化して、オンリーワンの教室をつくるのは不可能ではありません。

　あるパン教室の先生にオンリーワンになってもらうために、「クロワッサンに特化したレッスンを開催しましょう」と提案したことがあります。そして、「覚えてもらうために『クロワッサンの貴婦人』と名乗ってください」とアドバイスしたのです。その先生は「貴婦人なんて恥ずかしい……」と最初は抵抗を感じていましたが、そのレッスンは公開して1ヶ月でまたたくまに満席、翌年の秋まで予約でいっぱいになる人気ぶりでした。選ばれるためには「印象的であること」「記憶に残ること」が必要なのです。

記憶に残る教室になるには

ナンバーワン
になるか？

オンリーワン
になるか？

ナンバーワンの教室になるのは至難の業だが
オンリーワンの教室になるのは不可能ではない。

何かに特化した教室になる
＝オンリーワン

クロワッサンに特化した
パン教室になる

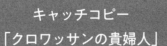

キャッチコピー
「クロワッサンの貴婦人」

記憶に残る教室に！

「ストーリー」や「世界観」を演出しよう！

人の心をつかむ力を持つには？

「印象的であること」「記憶に残ること」を目指すのであれば、「ストーリー」や「世界観」を持つことが効果的です。1章の「テーマパーク型レッスン」でもお話ししたように、**ストーリー性や世界観は人の心をつかむ力**があります。

世界観を楽しむことがベネフィットになる

あるお菓子教室の先生に「メルヘン」をテーマに、コースレッスンを組み立てていくことを提案したことがあります。

たとえば、そのコースレッスンには「森のキャンプのケーキ」というメニューがありました。そして、このケーキには「くまやうさぎ、きつねが森の中でテントを張ってキャンプファイヤーを楽しむ」というストーリーがありました。**食べておいしいだけでなく、絵本のようにストーリーを楽しめるケーキ**だったのです。

ほかにも「不思議の国の帽子のケーキ」というピンクのシルクハットにウサギの耳が生えた可愛い形のケーキレッスンもありました。このレッスンも大人気になり、その後この先生は「メルヘンスイーツ」という名前で絵本のような世界観のケーキをずっと教え続けています。

世界観を演出するには、1回のレッスンではなく、**統一したストーリーや世界観をつくり上げる**のが人気のコツです。**その世界を楽しむことが生徒さんに提供できる幸せ（ベネフィット）になる**からです。

ストーリーや世界観を演出する

絵本のようなメルヘンな世界を演出した例

「森のキャンプのケーキ」

「ふわくまちゃんケーキ」

「不思議の国の帽子のケーキ」

写真提供：メルヘンスイーツスクール「プティフール」

世界観を演出するには
統一したストーリーや世界観をつくり上げるのが人気のコツ

売れない一番の理由は 「独りよがり」であること

▌ 独りよがりになっていませんか？

　教室の先生にありがちな失敗の中では、この「独りよがり」が一番問題かもしれません。なぜなら「独りよがり」の教室は決して人気教室にはなれないからです。

「私は独りよがりじゃないわよ」と思っている先生も、少し考えてみましょう。もしかしたら当てはまるところがあるかもしれません。

▌ 知らず知らずに自分の都合を優先させている？

　次の4つに自分が当てはまるかどうか考えてみましょう。

・自分のやりたいこと、好きなことで教室を開業している
・自分ができること、資格を持っていることで教室を開業している
・巷で人気があるものをレッスンメニューに選ぶ傾向がある
・上級者に教える自信がないので初心者向けの教室にしている
　この4つはどれも「独りよがり」の教室の条件になります。

　その理由はどれも、「ターゲット（生徒さん）にとってどうか？」ということよりも、「自分にとってどうか？」という自分の都合を優先させているからです。レストランで、あなたがカレーライスを食べたいときに、お店の人からチキンライスをすすめられても、やっぱりカレーライスを選びますよね？

「選ぶのは生徒さんである」ということを念頭に置いていれば、どんなレッスンにするかについても考え方が変わってきます。

あなたは「独りよがり」な先生？

次の4つに自分が当てはまるかどうか考えてみましょう。

1
自分の
やりたいこと、
好きなことで
教室を開業
している

2
自分が
できること、資格を
持っていることで
教室を開業
している

3
巷で
人気があるものを
レッスンメニューに
選ぶ傾向が
ある

4
上級者に教える
自信がないので
初心者向けの
教室にして
いる

1、2、4に当てはまる人は、教室開業時から「独りよがり」な自分の都合での教室づくりをしていて、生徒さんのニーズに応えられていない可能性も。
3に当てはまる人は、レッスンメニューの考え方が安易かも。巷の人気と生徒さんの希望は違うかも？　と考えましょう。

集客に成功するための「10倍」の法則

予約が入らない理由のひとつは……

「レッスン開催のお知らせを出したのに、全然予約が入らないんです」というお悩みをよく聞きます。

　このお悩みと相談はほとんどの先生からいただくのですが、その先生たちのSNSを見に行くと、たいていの方が1回しかお知らせを出していません。1週間前に1回だけ投稿した内容など、新しい投稿をすれば上書きされて誰も見てくれなくなります。そのお知らせに**気づいていない方がほとんどでしょう。**

私たちの投稿は「見られていない」と考えよう

　残念ながら、私たちのSNS投稿は、自分が思っているほど見られていません。自分が思っている**10分の1程度**しか見てもらえていないと思っていいでしょう。

　だから、**今あなたが思っている10倍はアピールする必要がある**のです。「10倍の法則」と覚えてください。

　1回の投稿で集客できないのなら、10回は投稿してみる。

　さりげなく話しても伝わらないなら、10倍大げさに言ってみる。

　集客ができない教室の多くは「気づいてもらえていない」ことも原因になっています。

　テレビCMのことを思い出してみてください。1回や2回見ただけでは記憶に残りませんよね？　何回も何回も見てもらって初めて、**CM（宣伝）は効果を発揮する**ものなのです。

集客の「10倍の法則」を考えよう！

> レッスンの告知、
> SNSにアップしたのに
> 全然反応がない……

1回の告知では集客がないのは当たり前！
気づいてもらうには……

今の10倍
レッスンの告知をする必要がある（回数）

今の10倍
アピールする必要がある（インパクト）

……でなければ、**伝わらない！**

6 レッスンタイトルは 生徒さんへのメッセージ

■ タイトルとキャッチコピーの大切さ

これまでも本書で、レッスンタイトルとキャッチコピーの大切さは
お伝えしてきました。これらは**あなたが思っている以上に大切なもの**
であると改めてお伝えします。

なぜなら、タイトルやキャッチコピーは、あなたから生徒さんへの
メッセージだからです。

■ メニュー名＝レッスンタイトルではもの足りない？

あなたがクリスマスケーキのレッスンをするなら、どんなタイトル
をつけますか？　シンプルに「クリスマスケーキレッスン」？　それ
とも「ブッシュドノエルレッスン」？　このようにメニュー名＝レッ
スンタイトルでは、当たり前すぎて「絶対に習いたい！」というレベ
ルの気持ちにはなりませんよね。

たとえば、「世界一ロマンティックな気分になれるバラ色のクリス
マスケーキレッスン」だったらどうでしょう？　彼とふたりでクリス
マスを過ごす若い女性の心をつかむようなタイトルになっていると思
いませんか？　あるいは「わいわい女子会クリスマスにぴったりなク
リスマスカップケーキレッスン」だったら？　「女友達と集まって、
楽しいクリスマスパーティを開催しよう！」という人に喜んでもらえ
るのがわかりますね。

どんな人のためのレッスンなのか？　それがすぐにわかるようなタ
イトルにすれば、ターゲットからの申し込みが入りやすくなります。

ターゲットが明確なレッスンタイトルにしよう

「クリスマスケーキレッスン」
「ブッシュドノエルレッスン」

一般的なクリスマスケーキが頭に浮かぶ。

ターゲットを設定して
キャッチコピー的要素
を追加すると……

「世界一ロマンティックな気分になれる
バラ色のクリスマスケーキレッスン」

恋人とクリスマスを過ごしている場面が
頭に浮かぶ。

「わいわい女子会クリスマスにぴったりな
クリスマスカップケーキレッスン」

女友達と乾杯したり、
楽しくおしゃべりしている場面が
頭に浮かぶ。

どんな人向けのレッスンなのかが
一瞬でわかる！

一瞬で心をとらえる ビジュアルイメージの特徴と つくり方

▌ レッスン写真にもストーリーをつくる

「第一印象は3秒で決まる」ということを聞いたことがありますが、写真が与えるレッスンの印象も同じことです。SNSのフィード画面の画像はスクロールで次々に流れていきます。そんな中で「これは！」と思う印象を残すようなビジュアルイメージをつくりましょう。

本章3で「レッスンにストーリーをつくる」という話をしましたが、レッスン写真にもストーリーをつくることは有効です。

▌ ベネフィットを語れる写真を撮ろう！

レッスン写真のストーリーとは、「そのお菓子やパン、料理をどんなシチュエーションで登場させるのか？」ということです。

お子さんの誕生日のテーブルで「ママすごい！」とお子さんがはしゃぐバースデーケーキなのか？　それとも、彼に差し入れる「胃袋をつかむ」お弁当なのか？　持ち寄り女子会でわいわい楽しむオードブルなのか？　登場するシーンや周囲の人の喜ぶ顔が浮かんでくる、ストーリーを感じさせる「イメージ写真」を用意しましょう。

この「イメージ写真」とは「ベネフィットを語れる写真」です。料理を置くテーブルや周囲の小物、背景を工夫することで、見る人にベネフィットを連想させるのです。たとえば、ネットで「クリスマスケーキ」と検索してみると、「クリスマスらしい小物に囲まれたケーキ」と「ケーキのみ」の写真が出てきます。あなたならどちらの写真によりワクワクしますか？

印象に残るビジュアルをつくろう

ストーリー性があり
ベネフィットを語れる写真はどれ？

「これはこんなシチュエーションで食べるんだな」
と伝わってくる写真はどれでしょう？
伝わる写真と伝わらない写真の違いは？

考えてみましょう。

「理想のお客さま ＝ターゲット」のニーズを 知る方法

▌雑誌やネットの情報を参考にする

　1章5（46ページ）で、「あなたの理想のお客さま＝ペルソナマーケティング」という話をしましたね。理想のお客さまにレッスンにお越しいただくには、その必要性（ニーズ）に沿ってレッスンをつくっていく必要があります。とはいうものの、まだ見ぬお客さまのニーズを知るにはどうすればよいのでしょう？

　「雑誌の情報を参考にする」という方法もあります。女性誌は年齢や価値観でターゲットが決まっています。自分の理想のお客さまに近いターゲットを持っている雑誌を参考にすると、好まれる傾向がわかってきます。また、ネットで「30代女性に人気の〇〇」とか、「男性が好むおかずベスト10」などのキーワードで検索してみると、情報にヒットしたりします。

▌身近な人に聞いてみる

　ほかにも、理想のお客さまに近い人が身近にいたら、アンケートを取ったり、実際に聞いてみるというのもよい方法です。

　「小さいお子さんのいるママは、お店で買ったようなかわいいバースデーケーキをお子さんにつくってあげたいだろう」と思っていたら、意外と「デコレーションは面倒なので、自分がつくるのは毎日の栄養補助になる素朴なおやつがいい。特別なケーキはお店で買いたい」と思っていることがわかったりします。自分の思い込みで商品をつくらないように、リサーチは必ず行ないましょう。

ターゲットのニーズをリサーチしよう！

リサーチのやり方

雑誌の情報を参考にする	雑誌は性別や年代、ライフスタイルなどでターゲットが分かれている。 自分のターゲットに近い雑誌を参考にすると、何が喜ばれるかなどがわかる。
WEBで検索する	「30代女性に人気の料理教室」「彼が喜ぶ家庭的な料理」など、調べたい内容を検索してみる。 ほしい情報がヒットしないときはキーワードを変えながら検索する。
ターゲットに似た知人に聞いてみる	身近にターゲットに近い属性の知人がいれば、アンケートに協力してもらう。

すでに生徒さんがいる方は、
生徒さんにもリサーチ
してみましょう。
リピーターを増やす
一助になるかもしれません

メニュー写真・商品写真を妥協すると後悔する！

■ これで選ばれるかどうかが決まる

　私は日頃、教室業の先生たちのレッスンページをつくるお手伝いもしていますが、メニュー写真についてはかなり細かくアドバイスをしています。これまでずっとお伝えしてきたように、写真は第一印象を決めるもの、これで**選ばれるかどうかの最初のふるい**にかけられます。しかも、それは一瞬で決まってしまいます。

　だから、レッスンページをつくる前に「どんなメニュー写真にするのか？」をレイアウトまで考えて「撮影イメージ」を提出してもらい、チェックしています。

■ ライバルには大手教室もいる

　また、よほど上手でない限り、自分で撮ったスマホ写真をレッスンページに使うのは避けましょう。なぜなら、皆さんのライバルには大手企業が運営する教室も含まれています。その教室と勝負をしなければならないと考えると、**写真という武器で妥協すること**は無謀と考えたほうがよいでしょう。お客さまは「個人の教室だから写真が多少下手でも仕方ない」とは思ってはくださいません。大手教室ほどのブランドがないからこそ、「**写真では負けない**」ぐらいの気概があってしかるべきかもしれません。

　「写真が苦手」というのは通用しませんので、苦手なら**プロから学んで自分の撮影技術を磨く**か、プロに依頼して素敵な写真を撮ってもらうようにしましょう。

妥協のないメニュー・商品写真の撮り方

料理写真が得意なプロに依頼することをおすすめしますが、
自分で撮る場合は以下のことに気をつけましょう。

午前中の自然光を利用
して写真を撮る。
光は時間帯によって色
が違う。
午前中の自然光が一番
被写体そのものに近い
色の写真が撮れる。

一眼レフ、ミラーレスカメラなどで撮影するのがおすすめ。
その理由はスマホのカメラと比べて**画質がよい**ため。
スマホだと拡大したときの画質が粗くなりがち。

手前に焦点を当てて背
景はぼかす撮影方法
（**絞り優先**という撮影
方法）。
使う小物や背景まで**計
算したレイアウト**で撮
影をしよう。

写真提供：花*ゆめPhotogenic Salon

「受講したい！」と思われるタイトルのつくり方

　5章6でもお話ししたように、タイトルとキャッチコピーはとても大切なものです。これらはお客さまに、あなたのレッスンが「どんな幸せを提供できるか？（ベネフィット）」と「誰のためのものなのか？（ターゲット）」を伝えるメッセージです。タイトルとキャッチコピーの役割は、「これは私のためのレッスンだ！」「これを受講すると私の希望がかなう！」、あるいは「私の悩みが解決する！」と一瞬でお客さまに感じていただくというものです。

　ここでは、そんなタイトルのつくり方とキャッチコピーのつくり方をお伝えします。

▌タイトルとキャッチコピーの材料を用意する

　まずは、タイトルとキャッチコピーの材料を用意します。

①「何をつくるか」というメニューを決めてタイトルにする

　　例：食パンレッスン

②そのレッスンが誰のためのものか？　ターゲットを考える

　　例：毎日手づくりのパンを家族に食べさせたいママ

③ターゲットのニーズ（悩み）とウォンツ（欲求）を考える

　　例：悩み……自家製パンはすぐに固くなって味も落ちる

　　　　欲求……翌日もおいしく食べられるパンを焼きたい

④そのレッスンが提供できるベネフィットを考える

　　例：3日経ってもしっとりふわふわな家族が喜ぶパンが焼ける

⑤そのベネフィットを約束するためのメリットを伝える

　　例：キャリア15年のパン職人が教える

これらを合成してキャッチコピーとタイトルを考えてみましょう。

▌材料を合成して文章をつくる

（キャッチコピー）

　毎日手づくりのパンを家族に食べさせたいママのために

　キャリア15年のパン職人が教えます！

（タイトル）

　３日経ってもしっとりふわふわなおいしさが続く食パンレッスン

　いかがでしょうか？

　誰のためのレッスンで、受講すると何が手に入るかがはっきりと伝わってきますね？

　しかし、これで完成ではありません。

　次に、いらない部分をそぎ落とす「洗練」という作業を行ないます。

▌洗練することで記憶に残るキャッチコピーになる

　タイトルとキャッチコピーを洗練し、文章を短くすることは「**一瞬で必要なことが伝わる**」だけでなく、「**覚えてもらえる**」という効果も生み出します。覚えてもらえるということは、「食パンづくりを習いたいなあ。どこで習おうかなあ？」とお客さまが考えたときに、**思い出して候補にあげてもらうことができる**ということです。覚えられていなければ候補にあがることもありません。

　大事なのは「覚えてもらえる」ということです。

　それでは今からさっそく、先ほどのタイトルとキャッチコピーを洗

練していきましょう。

　なくなっても意味が伝わるいらない部分をそぎ落として、短い文章にしてみました。

（キャッチコピー）

毎日食べたいママのパン！

3日目もしっとりふわふわ

（タイトル）

パン職人に学ぶプロ技食パンレッスン

　かなり短くなりましたが、必要な要素は残っていますね？

　この文章の中でタイトルになるのは「パン職人に学ぶプロ技食パンレッスン」です。このタイトルだけでも魅力的ですね。このタイトルには「パン職人にプロの技を伝授してもらえる」という「**メリット**」が込められています。

　そして「毎日食べたいママのパン！」「3日目もしっとりふわふわ」の部分がキャッチコピーです。このキャッチコピーの中には、このレッスンを受講するママにとっての「**ベネフィット**」がギュッと詰められています。

「ママのパン、おいしいから毎日食べたい！」というお子さんの言葉を短縮したものが「毎日食べたいママのパン！」。そして、「3日経ってもしっとりふわふわなおいしさが続くパン」を短縮したものが「3日目もしっとりふわふわ」です。

　いくつか言葉をそぎ落として短縮した分、キャッチコピーがより**印象的**になりました。

　一度で素晴らしいレッスンタイトルやキャッチコピーをつくるのは難しいことですが、まずは材料（必要な要素）を書き出してみて、つなぎ合わせて文章をつくり、削れる部分は削って洗練することで、**ターゲットにベネフィットやメリットが伝わる**タイトルとキャッチコピーができます。

タイトルとキャッチコピーをつくる流れ

①タイトルとキャッチコピーの材料を用意する

タイトル&キャッチコピーの材料	例
「何をつくるか」というメニュー （タイトルの素材）	食パンレッスン
「そのレッスンが誰のものか？」というターゲット	毎日手づくりのパンを家族に食べさせたいママ
ターゲットのニーズ（悩み）とウォンツ（欲求）ベネフィット	悩み……自家製パンはすぐに固くなって味が落ちる 欲求……翌日もおいしく食べられるパンを焼きたい
そのレッスンが提供できるベネフィット	3日経ってもしっとりふわふわな家族が喜ぶ パンが焼ける
そのベネフィットを約束するためのメリットを伝える	キャリア15年のパン職人が教える

②材料を合成して文章をつくる

毎日手づくりのパンを家族に食べさせたいママのための　　…ベネフィット（欲求）を含むターゲット

キャリア15年のパン職人が教える　　…メリット

3日経ってもしっとりふわふわなおいしさが続く食パンレッスン　　…ベネフィット

③いらない部分をそぎ落として洗練する

毎日食べたいママのパン！
3日目もしっとりふわふわ
パン職人に学ぶプロ技食パンレッスン

集客できるバナー、サムネイルのつくり方

あなたは集客のためにバナーやサムネイルを使っていますか？　先ほどのタイトルやキャッチコピーと画像を組み合わせて、**より印象的なWEB集客ツール**をつくってみませんか？

まず、最初に「バナーとは何か？」「サムネイルって何？」ということについてお話ししましょう。

バナーとは？

バナー（banner）とは、WEBページ上で**他のWEBページを紹介する役割を持つ画像**です。画像にはリンクが埋め込まれており、クリックすると紹介しているWEBページに移動します。企業が広告などで使用していることが多いものですが、個人事業主でも、自分のブログの中やWEBページにバナーをつくることができます。

ブログ内に埋め込まれたバナー
この画像をクリックするとセミナーページに移動する。

サムネイルとは？

サムネイル（thumbnail）とは、データや動画の**サンプル画像**のことです。オリジナルデータを開かずに、ある程度内容を判断することができるようにつくられています。

YouTubeでは、メイン画面の横や後に、タイトルの入った画像がずらりと並んでいて、クリックすると動画が再生されます。この画像がサムネイルです。YouTubeなどの動画だけでなく、アメブロのブログでは、カバー写真がサムネイルの役割を果たしています。

みんなが見てる人気のレシピ！　▶　すべて再生

美味しい可愛い！〜スイーツの人気レシピランキング〜　みんなのお気に入りのレシピの中から自
分のお気に入りのレシピを探しちゃおう！！　お気にいりが見つかったら是非作ってみてください…

【100店舗食べまわったパテ
ィシエの】極上固めプリン…

パティシエール今日のおやつ
40万 回視聴・1年前

【失敗しない】一日６００枚
クレープをやいたプロが教…

パティシエール今日のおやつ
35万 回視聴・2年前

字幕

【りんご好きパティシエ】一
番おいしい！タルトタタン…

パティシエール今日のおやつ
30万 回視聴・1年前

YouTube のサムネイル
クリックするとその動画が再生する。

　バナーは**広告**、サムネイルは**表紙**のようなものだと思ってくださ
い。どちらも「**クリックしてその先を読みたくなる、あるいは見たく
なる**」ものをつくる必要があります。

集客できるバナーをつくろう！

お客さまの
ベネフィットなど、
絶対伝えたい内容は
ここに！

11月4日(金)21時〜22時
センスなし！でOK 参加費5,500円
お店の盛り付けテク
時短レッスン
前菜
メイン
デザート

コメント欄に
「参加希望」
って書いてね！

盛り付け理論専門家
貞本紘子

視線は左上から右下に
向かって流れます。
最初に読んでもらいた
いこと＝「ベネフィット」
は左上に書きましょう。

写真提供：センスアップ料理教室協会

バナーに記載すべき情報		
	1	レッスンタイトル
	2	参加すると何が手に入るか？ （レッスンベネフィットや特典）
	3	主催者情報
	4	レッスン料
	5	申し込み方法

タイトルや
キャッチコピーは
ひときわ大きく書く！

※抜けがないように注意しましょう。

今回はオンライングラフィックツール「Canva」でバナーを作成しました。
著作権フリーの画像やグラフィック、フォントが豊富に使えて手軽に
画像編集ができるオンラインツールです。無料で使うこともできます。
https://www.canva.com/

クリックされるサムネイルをつくろう！

写真提供：センスアップ料理教室協会

サムネイルに記載すべき情報	1	動画タイトル （ベネフィットをタイトルに込める）
	2	提供する情報（レッスンメニューなど）の画像

※教室情報などはいらない。

> タイトルはとにかく大きく書く！

> サムネイルは表示されるときはかなり小さいサイズになります！

　タイトルが読めて「見てみたいな」という気持ちになっていただくことが目的なので、「何が見られるか？」「何が手に入るか？」を伝えることに注力します。

このサムネイルは「貞本紘子」という料理研究家のYouTubeレッスン動画のサムネイルをイメージしています。
（実在のチャンネルではありません。貞本先生にはサンプル作成のための写真提供をしていただきました）
視聴者からすれば、チャンネル主催者の写真は特に必要ないのですが、「貞本紘子」のチャンネルの動画であることを認識してもらうために少しだけスペースを割いています。

6 章

WEB集客の
基本と
応用

1 WEB集客で必要な 3つのステップ

▌ 生徒さんはどこから集めればよい？

　教室を開業したら、どこから生徒さんを集めてくればよいのでしょう。昔は張り紙、チラシ配りなどもありましたが、今の教室集客の主流はインターネット上で行なうWEB集客ですね。

　中でも個人の教室がまず行なうのはSNS集客と呼ばれるものです。

　SNSとは一般的にInstagram、Facebook、Twitter、LINE、アメブロ（ブログ）などのことです。これらに自分の教室のことを投稿し、WEB上で生徒さんを募ることをSNS集客と言います。

▌ 生徒さんになってもらうための3つのステップ

　SNSにレッスン紹介記事を投稿したからといって、すぐに生徒さんが集まるわけではありません。生徒さんになってもらうには3つのステップがあります。

①認知する（あなたの教室の存在を知る）

②興味を持つ（あなたの教室のレッスンを受けてみたいと思う）

③行動を起こす（あなたの教室のレッスンに申し込む）

　この3つの段階を踏んで生徒さんになっていただくことになります。

　SNS集客というのは、チラシや広告での集客と違って、生徒さん候補であるお客さまとあなたが「友達」として出会うという特徴があります。お互いにフォローし合い、「いいね」やコメントをやり取りして交流する関係からスタートします。

生徒さんになってもらうための3つのステップ

認知する
（あなたの存在を知る）

InstagramやFacebookなどのSNSであなたの投稿を見
るなどして、あなたやあなたの教室の存在を知る。

興味を持つ
（「レッスンを受けてみたい！」）

InstagramやFacebookであなたの存在を知ったフォロワー
が興味を持って、あなたのブログやランディングページ
を見に行く。

行動を起こす
（レッスンに申し込む）

あなたのファンになり、メルマガやLINEに登録したり
レッスンに申し込んだりする。

SNS集客で成功するための 流れ

▌大切なのは信頼関係

　SNS集客は、お客さまと「友達」として出会う特殊な集客方法であるということを先ほどお話ししました。「友達」なので、まずは交流して仲良くなること、**信頼関係を築くこと**が大切です。そもそもSNSというのは、**共通の趣味や関心を持つ人たちが交流する場所**です。もし、あなたが自分の教室の宣伝となる投稿ばかりをしていたら敬遠されてしまいます。

▌お客さまを育てるSNS集客

　SNS集客では、お客さまを「**育てる**」ということが必要です。友達から生徒さんになっていただくには次の**3つのステップ**が必要です。

①友達・フォロワー（潜在顧客）

　友達だけど、あなたの教室を認知していないか関心がない人。

②ファン（SNSを介してのファン）

　あなたの教室を認知しており、関心を持っている人。

③見込み客（メルマガ、LINE公式登録者）

　あなたの教室の生徒さんになってくれる可能性が高い人。ここまで来てくださったら、体験レッスンや1日講座など、見込み客にとって参加しやすいレッスンにお誘いして、次の段階である**顧客＝生徒さん**になっていただきましょう。

　多くのSNSでは①〜③の段階を経て、生徒さんになっていただくことになります。

信頼関係から考えるお客さまの3つのステップ

潜在顧客
（友達・フォロワー）

InstagramやFacebookでのフォロワーや友達。
あなたの教室に興味がないか、よく知らないという人
たち。

SNSを介してのファン

あなたの投稿を読んで強い関心を持っている人たち。

見込み客
（登録者）

メルマガやLINEに登録した、あなたから連絡を取るこ
とができる人たち。

次の段階は実際にレッスンを受講してくれる
「顧客」「生徒さん」

「即買い！」されるInstagram は○○が命

お菓子・パン・料理教室に向いたSNS

Instagram は、おそらく教室の先生が最もよく使っている SNS だと思います。その理由はターゲットとなる大人の女性のユーザーが多い SNS だからです。また、魅力的な写真でファンをつくることができる Instagram は、お菓子・パン・料理教室といったメニュー写真をアピールして集客するビジネスに向いていますね。

インスタグラマーによると、「今 Instagram では、気に入った商品を発見すると、他社と比較検討せず『即買い』する人が増えている」ということです。これは Instagram がオンラインショッピングモールなどと違って、交流できる SNS であるため、商品や店舗、教室への信頼が日々の投稿の中でできているからだと考えられます。

わかりやすい「導線づくり」が集客の明暗を分ける

しかし、Instagram にレッスン写真を投稿していれば集客できるというものではありません。Instagram の集客で大切なのは、ファンになってもらってから生徒さんになってもらうまでの「導線づくり」です。投稿を見たら、どこからレッスンに申し込めるのか、ひと目でわかるように準備をしておく必要があります。

リンクを貼ることができるプロフィールに誘導する。ストーリーズにリンクを貼ってレッスン紹介ページに誘導する。このようなわかりやすい「導線づくり」をできるかどうかが集客の明暗を分けるのです。

Instagramは写真や動画を中心につながっているSNS

Instagramは正方形の画像が均等に並んで表示されるため、**世界観が統一されている**アカウントや**投稿に規則性のある**アカウントが好まれる傾向にある。

> 「きれい!」「かわいい!」「おいしそう!」など**直感的に魅力を**感じさせる投稿が人気

Instagramが料理教室に向いている理由

①ターゲットである大人の女性のユーザーが多い。

②写真の魅力でファンを惹きつけることができる。

③ライブレッスンを開催することができる。

写真提供：太らないイタリアン
～ゆる腸活イタリア料理教室ARCO

Instagramを集客に使うにはInstagramから
レッスン申し込みにつなげるための「導線づくり」が大切!

具体例は実践編1へ→

友達ができるFacebookで使うべき機能はこれ！

▌Facebookは信頼関係がつくりやすいSNS

　SNSにはそれぞれ特徴がありますが、中でもFacebookは少し特殊な立ち位置にあります。それはユーザー同士が「友達」という関係性になっていることと、「実名登録」が基本となっていることが理由です。そのため、FacebookはほかのSNSと比べて仲良くなりやすい、信頼関係がつくりやすいSNSなのです。

▌「グループ機能」でお客さまの育成をする

　そんなFacebookなので、本章2でお話しした「お客さまを育てる」のにとても役立ちます。

　他のSNSにはない「グループ機能」があるのも大きなメリットです。たとえば「月4.5kg痩せる！　無料ダイエットセミナーの会」というグループをつくって、そこにダイエットに関心のある人を集めるということもできます。週に1～2回ダイエットに関して学べるような「お役立ち投稿」や簡単な「レシピ」を投稿したり、グループメンバーのみ無料のオンラインレッスンに招待したりして、ターゲットにあなたのレッスンの魅力や人柄を強く伝えることができます。これはFacebookにしかない機能です。

　人間心理には「ザイオンス効果」というものがあり、何度も顔を合わせるとそれだけ好感度が高くなり、信頼も深まっていきます。Facebookは「友達」「実名」「グループ機能」からお客さまの育成ができる特別なSNSだと言えますね。

Facebookは友達から信頼関係を築けるSNS

月-4.5kg痩せる！ダイエットコンシェルジュの無料ダイエットセミナーの会

1ヵ月で-4.5kg痩せる！ダイエットコンシェルジュの無料ダイエットセミナーの会
プライベートグループ・メンバー423人

Facebookには**Facebookグループ**という独自の機能があります。
それを使って**あなたの教室に関心がある人だけを集める**ということができます。
ターゲットを惹きつけるようなタイトルをつけましょう。

グループ内ではグループメンバーのみが読めるお役立ち投稿やレッスンへの優待など**「メンバーになってよかった！」**と思ってもらえるような**特別なプレゼント**を用意します。

ライブ機能を使ってグループの中で情報発信をしたり、Zoomで交流会を開催して**同好会のような活動**ができます。

> 同好会のような活動をしているうちに信頼度がアップして**選ばれる教室に！**

写真提供：3Dダイエットコンシェルジュ半田久美

そんなFacebookを集客に使うには日頃の投稿や交流が大切になります。
ターゲットに喜んでもらえる投稿や人柄が伝わる投稿をしましょう。

具体例は実践編2へ→

人気教室はブログで
３つの仕事ができる

■ ニーズの高いターゲットに有効なブログ

あなたはブログをお使いですか？　WEB 集客をするならブログは とても有効なツールです。その理由は、ブログには「認知度向上（知っ てもらう）」「ファンづくり」「予約獲得」という３つの機能を持たせ ることができるからです。

ブログはグーグルなどでの**検索**に対応しているので、検索ワードが ヒットすると、あなたのブログが検索結果に上がってきます。たとえ ば「東京都世田谷区の酒種パン教室」というキーワードで検索上位に 上がってくるような SEO 対策ができれば、**グーグル検索で探すほど ニーズのあるターゲットに教室の存在を知ってもらう**ことができるの です。

■ 「投稿内容」でファンをつくるのがポイント

ブログがほかの SNS と大きく違うのは「交流」というよりも「**一 方的な情報発信**」の場であるということです。フォロワーは**書き手で はなく投稿内容でファンになるかどうかが決まります**。書いてあるこ とが役に立つか、共感できるかということが大切で、「いいね」やコ メントで交流して仲良くなるほかの SNS とは性質が違います。

ブログは**友達ではなくファンをつくる場所**なのです。また、レイア ウトの自由度も高く、レッスン申し込みページとしての機能を持たせ ることもできます。ブログをうまく活用できれば、**新規との出会い⇒ ファン育成⇒予約獲得**までできてしまうということなのです。

ブログには魅力ある投稿内容が必須

男性に一番人気のパイはコレだ！

三度の食事よりパイが好き！
アメリカでディプロマまで取得して
パイ専門クラスを開催する運びとなりました
パイマニアの松尾です。

おおさか東線
城北公園通駅が最寄の教室です。

最近は甘党の男性も増えましたよね？
とはいうものの
やはり甘いものは苦手…という男性も
かなりいらっしゃるようです。

今日は
パイマニア松尾の持つデータから

そんな**男性たちに一番人気のパイ**を
ご紹介したいと思います。

これは私がパイマニアとしてアメリカンパイのレッスンを開催していたときの投稿です（アメブロを利用していました）。こういった**情報提供型**の投稿は喜ばれました。

プロとしての知識を活かしてターゲットが知り得ない情報を投稿し、尊敬や信頼を勝ち取ってファンになっていただきましょう。
「おいしいお店情報」「おすすめの食材や調理器具」「成功する調理方法」「豆知識」などは喜ばれます。

ほかのSNSとブログの立ち位置の違いは、ブログではあくまで**「投稿者と読者」**という関係であり、**「友達」ではない**ということです。

「いいね」やコメントで交流して仲良くなるのではなく、**提供する情報の価値で**ファンをつくっていきます。

[こんなふうに考えることもできます]

双方向コミュニ
ケーション

フォロワーのFは**フレンド**のF

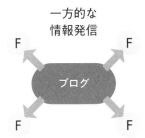

一方的な
情報発信

フォロワーのFは**ファン**のF

読まれるブログの構造は実践編3へ→

集客率No.1！
LINE公式は使わないと損

▌数分で申し込みが入ることもあるLINE

　2022年1月の調査によると、LINE の日本国内における利用率は81.6％とされています（NTT ドコモ モバイル社会研究所調べ）。日本国民のほとんどが日常的に使っている SNS が LINE です。

　メールを読んだり、メールに返信したりするのが面倒だと感じている人でも、LINE であれば気軽に返信してくれたり、問い合わせをしてくれたりします。体験レッスンやイベントへの集客も LINE でお知らせを出すと数分で申し込みが入るなど、集客への反応率は随一と言えます。

▌集客に使うならLINE公式

　LINE を集客に活用するのであれば、「LINE 公式」というビジネス用の LINE を使います。LINE 公式は登録したお客さま全員に一斉にメッセージを送る「メッセージ配信」という機能があります。新しくレッスンの開催が決まったときなどに、対象者全員に一度にメッセージを送ることができます。

　また、「リッチメッセージ」という機能を使えば、タップすると設定したページに移動させることができる画像広告を送信することもできます。さらに「リッチメニュー」という機能では、決められた期間、教室のチャットに複数の画像広告を表示させることができます。リッチメッセージやリッチメニューにはクーポンやショップカード（ポイントカード）という便利な機能を持たせることもできます。

登録へのハードルが低いLINEはやり取りも気軽にできる

LINEはもともと使っている人が多いSNSなので
QRコードを読み込んだり、リンクをタップするだけで
簡単に登録してもらえます。

リッチメニュー

そのアカウントのチャットの下部に**決まった期間、常に表示される広告**のようなもの。
それぞれのブロックにリンクを埋め込み、**ホームページのトップページのように使う**こともできます。

> それぞれタップすると
> 別の場所に移動したり
> 別のアクションが起こる

写真提供：お菓子教室Le cadeau（ルキャド）

> この父の日ギフトは
> 3日で完売。**反応が早いのが**
> LINEの魅力

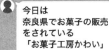

リッチメッセージ

メッセージとして配信することができる**画像広告**。
これもタップすると目的のページに移動したり、割引クーポンとして使うことができます。

写真提供：お菓子工房かわい

Lesson 7

育成力No.1！
メルマガは最終奥義!?

▌濃いファンをつくることができるメルマガ

WEB集客ビジネスの中で「最強の信頼関係構築ツール」と考えられるのがメルマガです。うまく使えば、どのSNSにもたちうちできないような濃いファンをつくることができます。メルマガには様々な用途があって、「新レッスン開催のお知らせ」のような**お知らせ機能**、「おすすめのハンドミキサーメーカー3選」のような情報発信機能もあります。もし、あなたがお知らせ機能しか使わないのであれば、メルマガを活用するメリットは半減します。

▌メルマガだからできることがある

私はメルマガを毎日配信していますが、中には**3年間読み続けて生徒さんになってくださった方**もいますし、「メルマガでファンになりました」と、**福岡から大阪の教室まで来てくださった方**もいます。「生徒さんになってくださる」「わざわざ教室まで会いに来てくださる」読者に、この行動を起こさせるには**相当な信頼関係**が必要だと思いませんか？　これはメルマガだからできることなのです。メルマガはLINEと違ってすぐに反応をいただけるツールではありません。反応がなくても毎日、役に立つ情報を送り続けて少しずつ信頼関係をつくっていくものなのです。

その地道で誠意ある努力が、「ほかの先生ではなく、**この先生から習おう！**」という決断を呼ぶのです。

メルマガはお客さまを育てるツール
長期にお客さまとの関係を構築しよう

こんにちは！

女性起業家の
パワーと魅力と運命の開花を
サポートする

『花開くアカデミー』の
まつおみかこです。

今日のテーマ
会社員を辞めて
自宅教室をして良かったこと

『最強のインスタ＋α集客セミナー』
全日程満席になりました！
お申し込みありがとうございました＾＾

セミナーには
「これから教室業をやりたい」と
考えておられる方も
たくさん来てくださいました。

私はもともと会社員でしたが
自分で事業を起こしたくなり
巡り巡って
自宅お菓子教室を開業しました。

「花開くアカデミー」まつおみかこのメルマガ
https://american-sweets-box.com/fx/HXDSZj

メールアドレスという
個人情報もいただくので、
登録へのハードルは高く、
文章力と書き続ける
持続力が求められます。

メルマガを毎日書き続けるのはかなり大変なことです。

書きはじめたものの、「何を書いたらいいかわからない」「書くことがない！」と行き詰ってしまう人も多いものです。

逆に言えば、「それだけ難しいものだから毎日書き続けると信頼が得られる」ということができます。

メルマガでお客さまを育成することは、りんごの木を育てることに似ています。

機が熟すまで（お客さまの気持ちや環境が整うまで）、メルマガで情報を発信し続けて、そのときが来たらお客さまは、他の知らない先生よりも、毎日情報を送り続けてくれて、信頼しているあなたを選ぶということになります。

メルマガをスタートするには、**一斉送信機能を持つメルマガスタンドのシステム**を利用することになります。
無料で使えるもの、月額数千円かかるものなどありますが、**使いやすさや到達率（きちんとお客さまにメールが届くか）といった機能**に違いがありますので、比較検討して選びましょう。

あなたにもできる！ ファンができる YouTubeアカウント

なぜ無料で動画レッスンを配信するの？

　YouTube は「あなたのテレビ番組」という意味です。つまり YouTube チャンネルを持つということは、まさにあなたの番組を持つということであり、**視聴者＝ファンとなる**ということですね。

　YouTube を活用して何万人ものチャンネル登録者を増やしている料理教室の先生もいます。

　皆さん、無料で動画レッスンを配信しているのですが、「**無料で見られる動画レッスンがあるなら、お金を払って教室に行く必要がなくなるのでは？**」という疑問もありますね。それなのになぜ、先生方は YouTube で動画レッスンを配信しているのでしょうか？

YouTubeはファンをつくるためのCM

「**YouTube 動画を見て完璧に料理がつくれるようになる人はターゲットではない**」からです。レシピ本やテレビの料理番組で上手につくれるようになって「それで十分」という方もいれば、「直接先生に習って、レッスンでしか学べないコツを知りたい」という方もいます。後者がターゲットなので YouTube 配信は「**この先生の教え方は丁寧でわかりやすい**」「**技術が素晴らしい**」「**人柄が好ましい**」ということを感じていただける CM としての効果を狙っています。

　また YouTube ですべてのレッスンメニューを公開するわけではありません。あくまで予告ですから、実際のレッスンと YouTube で教える内容は棲み分けをしましょう。

YouTubeはあなたのテレビ番組
自分らしさを出してファンをつくろう

> チャンネル
> はここで
> チェック！

ファンを増やして
人気チャンネルになる

このチャンネルは、難しくはないけれど、ひとりでつくるのはハードルが高いというスイーツを、**パティシエール**がわかりやすく10分程度でレッスンしています。
動画なので、プリンが「ぷるるん」と揺れる質感などをうまく撮影して**メニューの魅力を表現**しています。

写真提供：デザートパレット®

トーク番組として

3分間、教室集客について話すだけ、という動画をYouTubeに出していたところ、そこから生徒さんが生まれたこともあります。上手な動画でなくても、自分の考えやできることを知ってもらうことで集客につながることがあります。

限定動画として

たとえば「**メルマガ読者のみ視聴できる**」などの**特典**としての動画の使い方もあります。リンクを知っている人のみがこの動画を見て学ぶことができるというものです。

売上につながる Facebookライブと Instagramライブ

▌ リアルタイムでお互いに交流できるのがライブの魅力

あなたは Zoom でできる「ライブストリーム」という配信機能をご存じですか？　略して「ライブ」と呼ばれています。2020年からの新型コロナの流行以降、オンライン化が進み、活発に使われはじめた集客方法です。あなたが動いて話している画像を配信するという点では YouTube に似ているのですが、最大の違いは**「リアルタイムで双方向コミュニケーションを取りながら配信できる」**ということです。

ちなみに YouTube でもライブ配信はできますが、教室業の先生方が使っているライブは圧倒的に Facebook ライブと Instagram ライブ（インスタライブ）が多くなっています。

▌ ファンや収益が得られるライブレッスン

普段活用している場所でライブを開催したほうが、フォロワーが見に来てくれるので効果があります。そのため Facebook ライブやインスタライブを開催する教室が多いのです。

ライブでは文字や映像だけでなく、音声でのアピールが可能です。しかも、視聴者のコメントに対して音声で返事をすることができます。まさにアーティストのライブのような感覚です。**あなたとお客さまの距離が一気に近くなる瞬間**ですね。ライブでミニレッスンを開催し、ファンを増やすこともできますし、Facebook グループを活用するなどの視聴者を限定できるような工夫をすれば、**ライブレッスンで濃いファンを育てる**こともできるのです。

視聴者とコミュニケーションが取れて仲良くなれるライブ

インスタライブ

ライブレッスンはファンづくりに効果絶大！　対談ライブは新規獲得に効果絶大！

Zoomを使ったFacebookライブ

ライブレッスン　　　　　　　　　　　　対談ライブ

Instagram？　Facebook？　どちらがよいの？

ライブの開催場所としてはInstagramとFacebookがよく使われています。

どちらを使うかですが、ただ話すだけの**トークライブ**やミニレッスンを開催する**ライブレッスン**ならどちらでもいいでしょう。**ターゲットがたくさん見に来てくれる場所**を選ぶといいですね。

しかし、**ライブセミナー**を開催するなど、Zoomの**画面共有機能**を使ってライブをするならInstagramではできませんから、Facebookを選びましょう。

集客効果が高いライブは？

ライブレッスンは**ファンづくり**という点では非常に効果があります。

YouTubeでの動画レッスンと似ていますが、ライブだとリアルタイムで質問に答えたり、コミュニケーションが取れるので、**より仲良くなることができる**のです。

また、**新規のお客さまと出会いたいなら2人以上の対談ライブ**が有効です。

対談ライブは対談相手（ホスト）に自分（ゲスト）が招いてもらうことによって、**自分の周囲にはいない人脈に出会えるチャンス**があります。

ホストに素敵に紹介してもらうことによって、新規の方に「今日のゲストの先生のレッスン受けてみようかな？」という気持ちになってもらえることもあります。

写真提供：酒種酵母専門パン教室　miette d'or（ミエットドール）

結論！
立派なホームページは
本当に必要か？

▌集客に立派なホームページは必要ない!?

　実は、お菓子教室を開業することを決めたとき、私が最初にしたことが「きちんとしたホームページをつくる」ことでした。しかし、ホームページをつくって毎月新メニューなどを公開しても、1年間ただのひとりからもレッスン予約はありませんでした。いただけた反応と言えば、2回の「頑張ってくださいね」という匿名メールだけでした。**結論を言えば、集客するためには立派なホームページは必要ありません。**ランディングページ（次項で解説）があれば十分です。

▌ホームページの役割は信用を得ること

　その後、私がお菓子教室を開業して、のべ1,000人以上の生徒さんを集客するまでに**ホームページを使ったことはありません**でした。月商100万円を達成したときでさえ、主な集客手段はFacebookとブログ、メルマガでした。

　株式会社をつくるにあたって、会社のホームページをつくりましたが、その目的は集客ではなく、**「信用を得る」**ということでした。事業のホームページ（コーポレートサイト）を持つことによって、「きちんと事業運営していますよ」というアピールできます。

　しかし、レッスンの申し込みをいただくのは**ブログやランディングページがあれば十分です。**何十万円というお金をかけてホームページをつくったからといって、集客に絶大な効果を上げることはできません。**ホームページは集客に必ずしも必要なものではないのです。**

集客に本格的なホームページは必要ないと言われる理由

ホームページとランディングページの違い
※ランディングページも実際にはホームページの一種だが、役割が異なる。

	ホームページ	ランディングページ
ページ数	複数	1ページ
目的	・情報提供 ・信頼の獲得	集客
役割	会社案内	申込書付きのチラシ・ フライヤー

会社案内のパンフレットと**申込書付きのチラシ**なら
どちらがお申し込みにつながりますか？

それぞれ役割が違うので
必要に応じて作成し、活用しましょう。

わかってますか？
ランディングページの
正しい使い方

▌集客したいならランディングページをつくろう！

あなたは「ランディングページ」、略して「LP」をご存じですか？

WEB集客においては大きな成果を出してくれるので、「集客したいならLPをつくろう！」とよく言われています。

LPは教室の先生にとっては「レッスンの申し込みをもらうためのページ」です。あるいは「メルマガの読者登録をしてもらうためのページ」だったり、「LINE公式に登録してもらうためのページ」です。つまり、「目的をひとつに絞って、お客さまにアクションを起こしてもらうためのページ」なのです。

▌ランディングページのあるべき姿とは？

LPをつくるときに大切なのが、この「目的をひとつに絞る」ということです。目的をひとつに絞ることによって目的の達成率が上がるからです。つまり「よそ見をせず、迷うことなく目的地に到達してもらうようにするために余計な情報は入れない」ということが大切なのです。レッスンの申し込みをもらうためのLPにメルマガ登録のコーナーがあったり、別のページへのリンクがあったりすると、お客さまの意識はそちらに向いて別のページに移動してしまう可能性があります。そして、元のLPには戻って来ず、そのまま申し込みをいただけなくなるのです。

「お客さまがアクセスすると、そのまま申し込みフォームからお申し込みをくださるページへ」、これがLPのあるべき姿なのです。

集客したいならランディングページ！と言われる理由

Landing（ランディング）の意味は「着陸」

ランディングページとは、ホームページの一種で、複数ページを持たず、目的をひとつに絞った1ページだけのWEBページのことです（広義では複数ページを持つホームページの1ページ目という定義もあります）。本書では、複数ページを備えるホームページと区別するために、あえて別のものとして書いています。

ランディングページは一本道

\GOAL/

たったひとつの目的を持つランディングページは、**お申し込みというゴールまで一本道**になっています。
お客さまが迷うことなく、脇道にそれることなく、ゴールにたどり着くことができます。

集客できるランディングページをつくるには

ステップ1 「これは私のためのレッスンだ！」と
　　　　　 思っていただく。

ステップ2 「これなら確実に上達する！」
　　　　　 と思っていただく。
　　　　　 （ニーズに応えられる）

ステップ3 「今習わなきゃ！」と思っていただく。
　　　　　 （限定性を感じさせる）

> この3つのステップを**順番に読んでいただき**お申し込みをもらう！

集客できる Instagram の投稿

Instagram からの集客は、フィード・ストーリーズ・リール投稿か
ら**プロフィールへの誘導**が必要になります。

フィード投稿

ポイント**1**

@＋ユーザーネーム（メンション）を
本文（キャプション）に配置しタップ
してもらうように誘導しましょう

プロフィール

ポイント**2**

メンションをタップするとプロフィール
に移動するので、プロフィールのリンク
先に申し込みページを設置しておきます

Instagramではプロフィールとストーリーズ
投稿にのみ外部へ誘導するURL（リンク）を
貼ることができます。
投稿本文にはリンクを貼れないので、基本
的には投稿から**プロフィールに来てもらえ
るかどうか**が集客のカギになります。

フィード投稿

正方形に表示される一般的な投稿

ストーリーズ投稿

24時間で消える縦長の投稿

リール投稿

ショートムービー投稿

ストーリーズ投稿

リール投稿

読まれる Facebook 投稿の構造

　ターゲットや友達が**興味を持って読んでくれる有益な情報**を写真と文章で提供します。

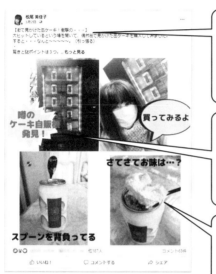

ポイント1

本文にタイトルをつけて目立つように【　】すみつきかっこで囲いましょう

ポイント2

画像にも吹き出しやコメントを入れて注目度をUPさせましょう

ポイント3

画像が途中で切れずにすべて表示されるように画像の形とレイアウトを工夫しましょう

画像を見ていると本文が読みたくなり「もっと読む」をクリックしてもらえるように構成を考えます。

ポイント4

外部ページに誘導したいときには上から5行目までにリンクを入れましょう

教室の宣伝投稿ばかりだと、やがて読んでもらえなくなります。
宣伝投稿は3回に1回くらいの割合で、その他は喜んでもらえる投稿にしましょう。

写真提供：飾り巻き寿司教室えのわ

最後まで読まれるブログの構造

　読まれるブログの構造には型（テンプレート）があります。それに当てはめてブログを書いてみましょう。

読まれるブログのテンプレート

グレーのブロックは基本的には定型文が入ります。
白のブロックはその記事(投稿)ごとに変わる部分です。

①記事タイトル

> 読者が読むかどうかを決める大切な部分。
> **「この投稿を読めば何が手に入るか？」**を
> 書きましょう。

②ヘッダー
キャッチコピー・教室名
＋
説明文

> あなたの教室が**「誰のための教室か？」**
> **「何を教えてくれるのか？」**を知って
> **覚えてもらう**ためのブロックです。

③記事ヘッダー画像
（表紙）

> そのときの**投稿のテーマに合った画像**を
> 用意します。投稿によって変わりますが
> 全体の世界観は統一したほうが好まれます。

④コンテンツ
（本文＋写真、
リンクボタンなど）

> ここを読んで読者が**満足すれば、**あなたの
> **ファンになってくれたりレッスンに申し
> 込む**などの**アクション**を取ってくれます。

⑤フッター
問い合わせフォームへのリンク
ホームページへのリンク
メルマガ登録フォームへのリンク
地域・路線情報　など

> **読者に取ってもらいたいアクションの**
> リンクを並べておきます。
> 定型文なので**常時募集しているもの**を
> 用意しましょう。
> また、地域、路線情報を書いておくと、対面
> レッスンの場合、**近くのターゲットに選ん
> でもらえる率**や**グーグル検索でヒットす
> る率**が上がります。

読まれるコンテンツ（左ページテンプレート④の本文）の構造

①結論

最初にこの本文の**目的**（結論）を書きます。
読者は**その目的をかなえるために
一生懸命ブログを読んでくれます。**

例文

今日はスポンジケーキを焼くのが苦手な人でも、失敗なくふわふわのスポンジが焼けるようになるとっておきの方法をお教えしますね。

②説明
・①の理由
・実績・体験談
・事例写真

目的をかなえるための方法や具体例を
わかりやすく読みやすく書いていきます。
「こうすればいいんだ！」などの**学びがひとつ
でもあると読者はあなたのファンになります。**

例文

スポンジを焼くのが苦手になってしまうポイントは3つです。
1つ目は……（個数を絞ってポイントをまとめたり、箇条書きにするとわかりやすい）

この見極めがわかるとお店で売っているようなふわふわのスポンジケーキが必ず焼けます。私の生徒さんはこれまで100％成功しています。
「これ買ってきたんだよね？」とご家族にびっくりされたという方もおられました。
（数字で示すことのできる実績や臨場感のある体験談を書くとよい）

③促し

目的を達成するためには**行動**が必要です。
行動への**促しを必ず最後に入れましょう。**

例文

○月○日○時より開催の「スポンジケーキ成功のコツをつかめるレッスン」にぜひご参加くださいね。下のボタンをクリックしてフォームからお申し込みください。

ご予約はこちら！

即行動を起こしてもらうために
申し込みボタンを設置します。

読みやすい文字の使い方や改行

さて、この**いたって普通**のケーキのレッスンには
明確なターゲットがありました。

そこだけを狙ったレッスンをつくったことが
他の教室との大きな違いだったと思います。

・文章はブロックごとに1行空ける
・ポイントを色付き文字・太字・大文字にして文章にメリハリをつける
・黒字含め3色まで
・1文を長くしすぎない
・句読点を適切に使用する
・絵文字の使用はターゲットによる（多用しすぎはNG）

申し込みページのつくり方

図1

メロン山盛り 夏のフルーツタルトレッスン

メロン・ピーチ・マンゴー
夏のフルーツがいっぱいの
クリームタルトを作りましょう！

7月20日（水）21日（木）22日（金）
3日間限定開催！特別レッスンです！

このレッスンの魅力

1．ふんだんにサマーフルーツを使っているので、フルーツ好きのあなたも大満足！
2．本格的なカスタードクリームとタルト生地を学べます！

レッスン詳細

レッスンスタイル：マンツーマンのオンラインレッスン
所要時間：3時間
レッスン料：6,000円（税込）
お支払い方法：クレジットカード／銀行振込
レッスンで作るもの：直径18ｃｍのサマーフルーツパイ（約6人分）
お送りするもの：レシピとオンラインレッスン受講のご案内をメールでお送りします。
準備物：材料と製菓道具、スマートフォンまたはノートパソコン。
※オンラインレッスンが初めての方は事前に接続テストを行うことも可能です。（所要時間10分）

レッスン申し込みページに必要な要素を紹介します。ページづくりの参考にしてくださいね。

ここではスペースの関係で画像は少なめになっていますが、実際にはタルトをカットした画像や紅茶と一緒にテーブルに並んでいる画像などを加えるとより効果的です（図1と図2はランディングページをスマホで見たときのレイアウトになっています）。

最初のブロックは**レッスンタイトル**、**メイン写真**、**キャッチコピー**で魅力を伝えます。

日程や定員、季節などを打ち出して**限定感**を演出しましょう。

レッスンの魅力ではターゲットが「**これは私のためのレッスンだ！**」と思うような内容を**わかりやすく**箇条書きで伝えましょう。

レッスン詳細は、「**受講できるかどうか？**」ということを**条件面から確認する部分**です。
何が学べるか？
どれくらい時間がかかるか？
レッスン料はいくらなのか？
など生徒さんが疑問に思うことを漏れがないように書きましょう。

レッスンを受講したとき、どんな感じになるのか**イメージできる写真**を添えるといいですね。

図2

ご準備いただくもの

お好みのメロン・白桃（缶詰でも可）・マンゴー（缶詰でも可）

小麦粉・グラニュー糖・卵・バター・牛乳・生クリーム・飾りでミントの葉など

オーブン・麺棒・ラップ・直径18cm深めのパイ皿・鍋・コンロ・こし器・ホイッパー・へら・ボウル数個・ナイフ

スマートフォン・スマートフォンスタンドまたはノートパソコン・筆記用具など

※WiFi環境が必要です。

※材料のグラム数などの詳細はお申し込み後にお送りするレシピでご確認いただきます。

お申し込みフォーム

通常3日以内にお返事を差し上げておりますが、万一3日経ってもお返事がなかった場合はこちらのアドレスまでご連絡くださいませ。
info@jyoseikaikasya.com

お名前（氏名） 必須

山田花子

お名前（フリガナ） 必須

ヤマダハナコ

メールアドレス 必須

xxxx@example.com

お電話番号 必須

080-0000-0000

ご希望のレッスン日

○ 7/20（水）10:00〜13:00

○ 7/21（木）10:00〜13:00

○ 7/22（金）10:00〜13:00

備考・お問い合わせ

申し込む

準備物は生徒さんが最も気になるもののひとつです。募集ページではグラムや個数まで指定する必要はありませんが、**「こんな準備が必要なんだ」と****おおよそ把握できるくらいの情報**をお渡ししましょう。

また、**文章を読んでもイメージできない部分**は**画像やイラスト**を添えましょう。

お申し込みフォームは、生徒さんと最初のコンタクトを取るために必要なものです。

ここに書かれているものは生徒さんとやり取りするために**必須の情報**なので必ず書いてもらいましょう。

備考やお問い合わせが書ける欄も設けておきましょう。

申し込みボタンは見落としがないように**目立つ色**を選びましょう。

顔出しするのかしないのか？
顔出しのメリットとデメリット

個人で教室を開業する先生には必ず、「インターネットに顔写真を上げたくない」「本名を公開したくない」と言う方がいます。

その理由は、ご自身の素性が公になることによって、何か犯罪に巻き込まれたり、WEB や仕事で起こった問題がプライベートにまで波及したりすることを恐れているということがひとつです。

ほかに、友達に見られたりすると何となく気恥ずかしいというような理由もありますね。家族に「顔出ししないように」と言われているという方もいました。

右の写真は、私が教室を開いた当初に使っていたプロフィール写真です。

正面を向いておらず……、私も最初はおそらく顔出しに抵抗があったのだろうと思います。

しかし、教室を選ぶ立場になってみると、顔写真もない、本名も名乗らない先生に習うのはなんだか不安ですよね。「素性のはっきりしない人は信用できない」「本名を隠して仕事をしているくらいだから、本気で仕事をしていない」と思われる可能性もあります。

顔写真と本名を公開して仕事をすることは、確かに抵抗がありますが、「初めてのお客さまにも信頼される」というメリットがあります。

逆に顔写真と本名を隠して、ニックネームなどで仕事をすること

は、自分自身は安心ですが、「お客さまを不安にしてしまう」という
デメリットがあります。

「花開くアカデミー」の生徒さんは、ほぼ全員の方がインターネット
上で顔出しをしています。本名ではなく職業名でお仕事をしている方
もいますが、その方も顔写真は出していましたし、テレビ出演の経験
もありました。

「顔出ししなければ絶対に集客はできない」ということはありません
が、お客さまからの信頼を得にくいという点で、新規獲得に不利にな
る可能性は大きいでしょう。

　WEB上に顔写真と本名を公開したとしても、犯罪に巻き込まれた
り、嫌がらせを受ける可能性はかなり低いです。それが理由で被害に
遭ったという人には、私は出会ったことはありません。

　プロフィールとして顔写真や本名を出すのは問題ありませんが、プ
ライベートライフをアピールするような投稿で、今いる場所や自宅を
察知されるような表現は避けたほうが賢明です。

　この場合、犯罪に巻き込まれるリスクが大きくなります。「今留守
だったら泥棒に入れるな」とか、「今いる場所に行って盗撮してやろ
う」など、犯罪者に狙われやすい状況になるためです。

　旅行や出張は「今○○にいます」ではなく、「先日○○に行ってき
ました」という事後報告にしましょう。

　話は逸れましたが、どうしても顔写真や本名をWEBで公表したく
ないという方は、メイクや髪型、だて眼鏡などを使って、個人が特定
されにくいように工夫するという方法もあります。

　そして前述しましたが、職業名を名乗ることもできます。

　WEBで初めてあなたに出会うお客さまが、あなたを信頼できる状
態になっていれば、何も問題はないのです。

7章

大きな収益が得られる
コースレッスンの
つくり方

コースレッスンに導く
2ステップマーケティング

▌ 教室の先生が収益を上げるために必要なコースレッスン

　個人のお菓子・パン・料理教室が収益を上げるためには、**確実にリピーターをつくることができるコースレッスンを開催すること**がおすすめです。とは言うものの、単発の1DAYレッスンなどと比べると「数回分のレッスン料が必要になる」「毎月の受講が確定する」などで、生徒さんの受講のハードルが上がると考えられがちです。実際には生徒さんにも大きなメリットがあるコースレッスンですが、ここでは**スムーズに受講していただくための具体策**をお話ししましょう。

▌ コースレッスンの前に安価な体験レッスンを

　たとえば6回セットのコースレッスンを販売するときに、あなたのことをよく知らない新規の生徒さんに、いきなりコースに申し込んでいただくのは難しいかもしれません。そんなときには、**あなたのレッスンの魅力を伝えるための1DAYレッスン、すなわち「体験レッスン」**を開催しましょう。この体験レッスンで、あなたの先生としての魅力やレッスンの楽しさを知っていただくのです。

　英会話スクールにもよく「1日体験入学」があって、そこで授業内容や先生との相性を確認してから、長期の講座の申し込みをします。このように、コースレッスンなど、まとまった金額の商品を販売するときには、最初に安価な体験レッスンにお申し込みいただきますが、これを「2ステップマーケティング」と言います。

フロントエンドとは何か？

マーケティングにおいて重要な考え方で、
2ステップマーケティングのひとつ。
お客さまにとって**ニーズはあるものの、購入を即決しにくい**
商品をお買い上げいただくときに役立つ手法。

たとえば、何十万円もの高額な学費になる英会話スクール。
いきなり入学はせずに、たいていの人が**体験入学**に参加する。

この、高額商品をお買い上げいただく前の無料
あるいは安価な最初のステップを**フロントエンド**と呼ぶ。

フロントエンドの例

一流
レストランの
サービス
ランチ

高級
ワインの
テイス
ティング

エステ
ティックサロン
の初回特別
価格

1ステップ目の
設定が大切

料理系教室のフロントエンド

①1DAY体験レッスン
②ミニセミナー
③お茶会
④試食会

レッスンの魅力を伝える
フロントエンドは
「体験レッスン」

▌役割はコースレッスンの受講につなげること

「フロントエンド」とは2ステップマーケティングの最初のステップのことです。先ほどお話しした「体験レッスン」のことですね。ほかにもセミナーや試食会、お茶会、相談会などいろいろなスタイルのものがあります。どのフロントエンドも「あなたのレッスンの魅力を伝え、コースレッスンの受講につなげる」という役割を持っています。

▌フロントエンドに必要な3つの要素

　成功するフロントエンド（体験レッスン）には3つの要素があります。まずは、「参加のハードルが低い」ということです。1日体験入学がたいてい無料であるように、たくさんの人に来てもらうことが大切なので、内容にもよりますが、無料〜5,000円程度の金額で気軽に受講できるものにしましょう。次に「生徒さんのニーズに合った楽しめる内容である」ということは言うまでもありません。体験レッスンを楽しんでいただけるからこそ、次のコースレッスンの受講につながるのです。そして、「コースレッスンの紹介をして、予約をもらう」。これは必須ですね。体験レッスンで生徒さんが満足し、次のレッスンへの期待も高まっているときにコースレッスンを魅力的に紹介して、予約をもらいましょう。

　ただし、コースレッスンが高額な場合は、次項で解説する「個別の1DAYレッスン」でお申し込みをいただきましょう。

成功するフロントエンドとは？

フロントエンドの役割
あなたのレッスンの**魅力**を伝え
コースレッスンの受講に
つなげる！　ということ

フロントエンドに必要な3つの要素とは？

**参加の
ハードルが
低いこと**

・レッスン料が無料～数千円
・グループでのレッスン
・1DAYレッスン

※レッスンのないお茶会などのときもある

**ニーズに
合った
楽しめる内容**

・ターゲットのニーズに応える
　内容のレッスン
・「また受講したいな」
　「もっと受講したいな」と
　思われるような楽しいレッスン

※試食付きお茶会
　（教室紹介を含むおしゃべり会）でもOK

**コース
レッスンの
紹介と
予約取り**

・チラシやスライドを使って
　コースレッスンの紹介をする
・受講した生徒さんの感想などを
　一緒に紹介する
・申し込み書や申し込みフォームを
　使って予約を取る

本命商品のバックエンドを販売する個別レッスン

▌高額商品の販売は個別で行なう

　高額のコースレッスンのお申し込みをいただく場合は、あえて個別の「マンツーマン1DAYレッスン」を開催することをおすすめします。それは、複数の生徒さんたちにコースレッスンをおすすめしたとき、ひとりが「コースの受講は見合わせます」というお返事だった場合、「受けようかな」と思っていた生徒さんも、「私もいったん家に帰って考えようかな」と躊躇してしまう可能性があるからです。

　高額なコースレッスンの受講は、迷われる生徒さんが多いので、個別で丁寧に説明をして、安心して受講してもらいましょう。

▌フロントエンドはお試し商品、バックエンドは本命商品

　ここで「バックエンド」という言葉が登場していますが、バックエンドとはフロントエンドに対する言葉で、フロントエンドが「体験、お試し商品」なのに対して、「本命商品」のことを意味します。「体験レッスン」に対する「コースレッスン」ですね。

　教室ビジネスはこのバックエンドが売れなければ大きな収益を得ることはできません。「はじめに」でお話しした私のように、忙しくレッスンを開催しながらも、低い収益で仕事をすることになります。あなたの教室をビジネスとして成功させ、自立する力を得るためには、バックエンドであるコースレッスンの販売に成功する必要があり、そのために個別レッスンの開催が必要なのです。

2つ目のフロントエンドとは？

> マンツーマンの
> 1DAY個別体験レッスン
> **1対1で**コースレッスンの紹介を
> しっかりできるので**お申し込みを
> いただきやすい**

フロントエンド＝お試し商品・集客商品

無料～安価な
グループ体験
レッスン

マンツーマンの
個別体験
レッスン

バックエンド＝本命商品

教室業のバックエンド（本命商品）は
コースレッスンなどのある程度まとまった売上を獲得できる
高価格帯レッスン。
これが売れることにより**十分な収益**を得ることができる。

バックエンド販売に必要な 7つ道具

▌ 高額なバックエンドを販売するには準備が必要

　バックエンド＝コースレッスンの販売に成功するための7つ道具を準備しておきましょう。

　レッスン内容や回数にもよりますが、コースレッスンは数回から十数回のレッスンの受講をお申し込みいただくので、**数万円から数十万円**という金額をお支払いいただくことになります。数千円のレッスンをお申し込みいただくのとは状況が違いますので、準備は万全にしておきましょう。

▌ 新規にコースレッスンを販売するための7つ道具

　詳細は右ページの図で説明していますが、必要なものはこれらの7つになります。

①フロントエンド①（無料〜低額のグループレッスン）

②フロントエンド②（有料のマンツーマンレッスン）

③フロントエンド申し込み用のランディングページ

④コースレッスン紹介用のパンフレット

⑤コースレッスンの契約書または規約書

⑥決済システムの導入（高額なので分割決済が必要になります）

⑦コースレッスン開催までのサービスレッスン（予約特典）

　これらの道具を使いながら、新規の生徒さんを流れに乗せ、バックエンドを販売していきます。⑦はコースレッスンの開催を**より楽しみ**にしていただくためのステップとして用意しておくと有効です。

バックエンド販売に必要な7つ道具とは？

①	フロントエンド① 無料〜低額のグループレッスン （グループでの体験プログラム）	グループ体験レッスン ミニセミナー お茶会・試食会など **気軽に参加できるもの**
②	フロントエンド② 有料のマンツーマンレッスン （個別の体験プログラム）	個別体験レッスン 個別相談会・説明会 **コースレッスンの紹介を 個別にできるもの**
③	フロントエンド申し込み用 のランディングページ	①、②の紹介と申し込みに必要 ブログでも作成可能 ※6章実践編4参照
④	コースレッスン紹介用の パンフレット	コースレッスンの内容の 説明とセールストークに必要 ※7章実践編3参照
⑤	コースレッスンの契約書 または規約書	提供するサービス内容の 確認やルールの確認 約束のために必要 ※7章実践編5参照
⑥	決済システムの導入 （高額商品の分割決済に必要）	銀行振込 クレジットカード決済 最低この2つは必要 ※7章実践編6参照
⑦	コースレッスン開催までの サービスレッスン	申し込み特典 コースレッスン開催までの お楽しみ （キャンセル防止の役割）

順番を間違うと売れなくなる
セールストーク

▌成約率を上げるためには

　ここでは、フロントエンド②「有料のマンツーマンレッスン」に参加した生徒さんにコースレッスンの販売をするときのセールストークについてお話しします。

　「こんな素敵なコースレッスンがありますよ。ぜひ受講しましょう」とおすすめするわけですが、お申し込みいただける確率＝成約率を上げるためのセールストークには守るべき順番があります。

▌「押し売り」にならないために守るべき順番

　最初に大切なのは「商品ではなく自分を売る」ということです。言い換えると「信頼してもらう」ということです。これは一方的に自分がレッスンの紹介をするのではなくて、生徒さんの希望や悩み＝「ニーズ」をまず聞いて、それに対して自分ができることを誠意を持って伝えることです。生徒さんのニーズを無視して、レッスンのよさばかり伝えようとすると「押し売り」になります。セールスに嫌なイメージがつきまとうのは「お客さまのニーズを無視した押し売り」があるからです。実際にはセールスとは「お客さまのニーズに応えること」です。信頼してもらえたら、次に「レッスンのニーズ（必要性）」を伝えます。「レッスンを受講するとあなたのニーズが満たされる」ということです。そして、最後に「レッスンの魅力」「こんな内容だからあなたのニーズが満たされる」ということを伝えるのです。この順番は絶対に必要です。

セールストークの正しい順番

①自分自身を売る

笑顔・誠意ある態度でお客さまの話をしっかりと聞く。質問には丁寧に答え、**信頼を得る**。

※自分ばかり話すと失敗します。「言いたい」「聞いてもらいたい」という自分の欲を出すのではなく、**お客さまに寄り添う姿勢**が大切。

②レッスンのニーズを伝える

①で**お客さまからお聞きした悩みや希望をもとに、**レッスンを受講すると悩みが解決され希望がかなうことを伝える。

※「私にはこのレッスンが必要なんだ」と感じていただくための時間。「こんな人におすすめです」「生徒さまの声」などを記載した**レッスンパンフレット**があると伝えやすい。

③レッスンの魅力を伝える

②の裏付けとなる**レッスンの内容・魅力**を紹介する。「12種類も習えますよ」「マンツーマンですよ」など**ニーズを満たすための根拠**を伝える。

※レッスンメニューや特典などを紹介するので、ここでも**レッスンパンフレット**があると伝えやすい。

こんなお客さまには
売ってはいけない！

お客さまは「選ぶ」必要がある

　意外かもしれませんが、あなたのレッスンを受講していただかないほうがよいという人も稀にいます。ここでは、そんなお客さまについてお話ししたいと思います。

　「レッスンを売ってはいけないお客さま」、それは「**ルールを無視するお客さま**」です。このような人は本当にはお客さまとは言えません。私たちは**お客さまを「選ぶ」必要がある**のです。

お客さまのワガママを聞いてはいけない理由

　「お客さまは神様です」という言葉がありますが、私はこれを**言葉通りにとらえる必要はない**と考えています。お客さまに対する感謝の気持ちが必要なのはもちろんですが、実際のところ、**私たちとお客さまは対等**です。いただいた受講料分の対価としてレッスンを提供しています。だから、約束したサービスを提供している限り、お客さまのワガママを聞く必要はありません。

　ワガママの例をいくつかご紹介しましょう。
「コースの中の気に入ったレッスンだけ単発で受講したい」
「受講してみて、都合が合わなくなったらキャンセルしたい」
「自分だけ特別扱いして特典を増やしてほしい」など。

　理不尽な要求をしてくる人からのお申し込みを受けてしまうと、**トラブルのもとになります**。後から「レッスンに満足できなかったから返金してほしい」と言われる可能性もあるのです。

こんなお客さまに注意！

> コースの中の
> **気に入ったレッスンだけ**
> 単発で受けさせて！

> 申し込むけど
> 都合が合わなくなったら
> **キャンセルしていい？**

> 受講していない
> レッスンにお金を
> 払いたくないから
> **後払いにして**

> **特典を増やすか
> 値引きしてくれるなら**
> 申し込んでもいいわ

ワガママがエスカレートすると大変！

ルールを守らずに自分の要求を強引に通そうとする人はお客さまではありません。
私たちにサービス提供の義務（役務）があるように、**お客さまにはルールとマナーを守るという義務があります**。
ルールやマナーに反する人と契約すると、後々のトラブルにつながりかねません。
かえってあなたに損失を与える可能性があるので、契約は見合わせたほうがよいでしょう。

お客さまが購入を迷う 3つの理由

▌ お客さまの心を「買う」側に傾ける

「受講したいのはやまやまなんですけど……」とお客さまが、コースレッスンのお申し込みを迷ってしまうことがあります。そんなときに、これ以上どうおすすめしたらよいかわからず困ってしまったという方もいるのではないでしょうか？

　人の心は100％決まっているものではありません。「100％買う」と決まっているわけでもなければ、「100％買わない」と決まっているわけでもありません。**お客さまの心を「買う」側に傾ける**ことで、迷いをなくして、お申し込みをいただくことができます。

▌ 3つの理由と解決方法

　お客さまが購入を迷う主な理由は3つです。1つ目は「**お金**」のこと。「高額な受講料を払えるかどうか？」ということですね。これは**月払いや分割払いにする**ことによって解決できます。2つ目は「**日程**」のこと。「急に仕事が入ってレッスンを受けられなくなったらどうしよう」ということですね。これは**振替レッスンを設定する**ことによって解決できます。そして、3つ目は「**漠然とした不安**」ですね。比較的大きなお金が動くので、初めての場合「払ってもよいのか？」と不安になることがあります。これは「大丈夫です。楽しくて本当に上達できるレッスンなので、皆さん喜んで受講されてますよ」と、**あなたが背中を押してあげる**ことで解決することがあります。

お客さまが購入を迷う3つの理由

①お金のこと

> こんな高いレッスン
> 受けられないわ

> 分割払いもできますよ！
> 月々○○円なら
> どうですか？

②日程のこと

> 仕事が急に入るから、
> 日程が合わなくなるかも

> お休みされても
> 振替レッスンで
> 対応できますよ！

③漠然とした不安

> 申し込んで
> いいのかな……って、
> なんだか不安があるの

> わかります。
> 初めてのことは
> 不安ですよね

いったん受け止めて、最後には
「大丈夫ですよ」と背中を押してあげましょう。

8 成約に結びつくあなたの行動

▌ターゲットの心を動かすレッスン募集ページをつくる

　実際には、個別体験レッスンでコースレッスンの紹介をする前から
セールスははじまっています。

　グループでのフロントエンド①の募集ページやバナーから、すでに
セールスはスタートしています。そのページを「あなたのターゲット
にとっていかに魅力的なものにするか？」ということが最初の一歩に
なっています。ここでターゲットが集まらなければ、セールスをして
もコースレッスンのお申し込みにはつながらないからです。

▌言葉だけでなく行動もメッセージになる

　そして次に、お申し込みをいただいたときに「あなたがどんな対
応をするか？」ということも、将来的に成約に結びつくかどうかに関
わってきます。知らない教室に、初めてレッスンを申し込むお客さま
の立場になって考えてみましょう。

　私は以前ある教室の体験レッスンに申し込んで少しがっかりしたこ
とがあります。それは申し込み後、その教室から返事が返ってきたの
が4日後だったからです。その先生が申し込みを喜んでくれていたら、
お客さまを4日も待たせることはないと思ったのです。レッスンを受
けたいと思った気持ちも少ししぼんでしまいました。

　お客さまの立場に立って、できるだけ早く、丁寧に対応すること。
お申込みいただいたことに対する感謝と歓迎の気持ちを、言葉や文章
だけでなく行動でも伝えるようにしましょう。

ここでもセールスははじまっている！

ターゲットの心に響く募集バナー

写真提供：アイシングクッキー教室プライベートパリ

集客につながりやすい
タイトルやキャッチコピー

①何が学べるのか？
②受講するとどうなれるか？

がイメージできる
写真が魅力的である

募集ページの本文には

①開催日
②レッスンスタイル
（対面かオンラインか）
③受講料（支払い方法）
④申し込み方法

をわかりやすく明記
しておくこと
（246〜247ページ参照）

写真提供：LaVarie

お客さまへのあなたの対応（メールなど）

すぐにお返事が来た！　うれしい!!

「○○さんにお会いできるのを
楽しみにしています」って
書いてくれてる。
私も先生に会えるのが楽しみ！

盲点になっている
キャンセルの原因

▎申し込みゼロはゼロだが、キャンセルされるとマイナスに

　教室の先生にとってキャンセルは、「お申し込みがない」ということ以上にダメージが大きいものです。「はじめに」や3章でもお話ししましたが、限りあるレッスン枠をその生徒さんのために提供しています。申し込みゼロは文字通りゼロですが、キャンセルは可能性を失うという点でマイナスになる可能性があります。そのレッスンのための材料を準備している場合はなおさらです。

▎怖がらずにお客さまの不安を聞こう

　残念ながら、コースレッスンのお申し込みをいただいた翌日などに「やっぱりキャンセルさせてください」と言われてしまうことがあります。これを回避するには、セールス中に気をつけておかなければならないことがあります。それは「お客さまの不安を取り除いておくこと」です。「何か気になることやご不安はありませんか？」と契約前に確認するようにしましょう。「やっぱり考えさせてください」とこれまでの決意をひっくり返してしまう結果になるかもしれませんが、このような状態のお客さまは、後日キャンセルになる可能性が高いので、そこできちんと話して不安を取り除いてあげる必要があるのです。入金後にキャンセルになると返金などの手続きも必要になりますし、契約書を送付していれば経費も無駄になります。契約時、怖がらずにとことんお客さまと話をするようにしましょう。

不安を持ち越すとキャンセルにつながる！

お客さまによっては、「すぐに心を開いて本音を話してくださる方」
「なかなか思っていることを打ち明けられない方」とタイプがあります。

「本当に大丈夫なのかな？」という**不安を口に出さなくても
申し込みをして後日キャンセルになる**ことはよくあります。

> **何か気になることや
> ご不安はありませんか？**

最後にこのように確認しましょう。寝た子を起こすような形になるかも
しれませんが、**後日キャンセルされるよりも損失は少ない**のです。

私の失敗談〜初セールスの惨敗〜

　私がお菓子教室をやっていた時代、初めてのコースレッスンのセールスで大失敗したお話をしましょう。

　そのお客さまはとてもノリのいい元気な女性でした。
　「私の教室の引き出しを増やすためにぜひ受講したいんです！」とお申し込みの段階から前向きなメッセージをいただいており、その勢いのまま契約をされました。
　ところが期日になってもお支払いがなく、メールを送っても返事がありません。電話をしても着信拒否になっています。後日、夫の携帯から電話をして話をすることができましたが、「事情ができたのでキャンセルしたい」と言われました。

　これは、**この方の心の中にあった不安を解消せず、そのまま契約に進んでしまったために起こった問題**だと思っています。
　その結果は、「連絡のないキャンセルに着信拒否」という残念なものになりました。
　もうこの方とは、この先ご縁を結ぶのは難しいでしょう。信頼関係が壊れてしまったからです。その場でお断りいただいていたら、次の機会には「今度こそ受講します！」と言っていただけたかもしれません。
　私のこの体験を反面教師として、**あなたはお客さまの気持ちから目をそらすことなく、強い心でセールスを行なってくださいね。**

あえてクーリングオフ期間を設ける理由

クーリングオフとは何か？

「クーリングオフ」という制度をご存じですか？　クーリングオフとは「一定の契約に限り、一定期間、説明不要および無条件で契約を解除できる」という法制度のことです。

　実は、お菓子・パン・料理教室の先生は、お客さまに対してクーリングオフを設ける義務はありません。教室業の中では、「語学教室」「学習塾」「パソコン教室」はクーリングオフを設ける義務が法律で定められていますが、料理系教室にはその義務はありません。なので、クーリングオフを設けるか設けないかはあなたの判断に委ねられています。

クーリングオフを設ける理由

　私が主宰する「花開くアカデミー」ではクーリングオフ期間を8日間と定めています。その理由は後々のトラブルを避けるためです。サポートがはじまってからのキャンセル（退学）に対してはご返金はできません。しかし、8日間もクーリングオフ期間があるわけですから、お客さまはじっくりと検討する時間があります。キャンセルされるのは残念ですが、この8日間でキャンセルをするような方は、実際に学びはじめても気持ちが定まらず、十分な学習成果を得られない可能性が高いと考えているのです。クーリングオフを設ける義務はないので、設けないという教室やスクールも多いと思いますが、それはその教室の考え方によるものですね。

クーリングオフは必要か？

クーリングオフとは

購入後に**冷静になって**商品の購入を**見直す**期間です。
見直して「いらない」となると無条件で購入をキャンセルすることができます。
料理系教室には法的にはクーリングオフの義務はありません。

特定商取引法におけるクーリングオフができる取引と期間

8日間	**訪問販売** キャッチセールス、アポイントメントセールス含む **電話勧誘販売** **特定継続的役務提供** エステティック、美容医療、語学教室、家庭教師、学習塾、パソコン教室、結婚相手紹介サービス **訪問購入** 業者が消費者の自宅を訪ねて、商品の買取を行なうもの
20日間	**連鎖販売取引** マルチ商法・ネットワークビジネス **業務提供誘引販売取引** 内職商法、モニター商法など

クーリングオフとキャンセルの違い

クーリングオフは特定商取引法第48条に定められており、**日本の法制度によって守られている**消費者の契約の解除の権利です。
一方、キャンセルは法律によらず**販売者と顧客の間で交わされたルールの中で行なう**購入の取り消しや返品のことです。
つまり「花開くアカデミー」が設けているクーリングオフ制度は、正確にはキャンセル制度なのです。

コースレッスン「松・竹・梅」をつくってみよう！

「花開くアカデミー」の生徒さんには、基本的にコースレッスンをつくっていただいていますが、そのレッスンはターゲットの段階に合わせて「松・竹・梅」といったグレードがあります。それには3つの理由があります。

▌断られる確率を下げる

コースがひとつしかないと、「買うか？　買わないか？」の二択になり、断られる確率が最低でも半分はあります。しかし、「松・竹・梅」の3コースあると選択肢は4つになり、その分、**断られる確率が下がります**。

▌お客さまに選んでもらうことができる

あくまで選ぶのはお客さまであり、お客さまは自分の意志で購入するのだという状況をつくることができます。そのほうが**納得してお買い上げいただけます**し、選択肢が3つあると「選ぶ楽しさ」を味わっていただくこともできます。

▌販売をコントロールできる

商品づくりではある程度ターゲットを絞る必要がありますが、ニーズが同じでも経済状況や環境はお客さまによって違います。3つの価格帯やグレードを用意することによって、**お客さまの状態に合ったコースを提供**できます。また、売り方次第で、**あなた自身が「売れ筋」をコントロールする**こともできます。

コースレッスン「松・竹・梅」の考え方

たとえば、大まかに「フランス菓子を習いたい人」がターゲットだと考えると、その中には「プロになりたい人」「趣味だけど上手な人」「初心者の人」というように段階があります。

大まかなターゲットが同じでも段階が変われば、ニーズも変わります。それぞれのニーズをカバーするために「松・竹・梅」のレッスンを用意しましょう。

	対象者	価格	レッスン・商品内容
松	プロ セミプロ (教室の先生・ 飲食店経営者など)	10万円以上 ※平均25万円くらい	・商用利用可能なレシピ ・指導方法 ・教材の提供
竹	マニア (レッスンを受ける ことが大好きな人)	5万円以上 ※10万円以上のコース 　も珍しくない	・豊富なメニュー ・理論などの座学 ・中級以上のテクニック
梅	一般・初心者	3万円以上	・つくりやすいメニュー ・3~6回の短期コース ・初心者向け

選択肢を4つにすることによって断られる確率を
ある程度下げることができる

フロントエンドの流れをつくろう！

　7章2、3に登場したフロントエンド（体験レッスンなど）ですが、ここでは高価格帯のコースレッスンのお申し込みにつなげるためのフロントエンドの流れをつくっていきましょう。

　フロントエンドには、①**無料か格安で開催するグループ体験レッスン**と②**有料で開催する個別体験レッスン**があります。これは①→②と2段構えで開催する場合と、いきなり②に集客してコースレッスンの販売に入る場合があります。

　その違いは「**信頼度の違い**」だと考えてください。信頼関係が十分でない場合、あなたの教室の魅力が十分に伝わっていないと考えられる場合は、①→②の手順を踏んでください。逆に、これまで何度か単発レッスンを受けている場合や、メルマガやブログなどであなたのファンになっている場合は、いきなり②に集客しても大丈夫です。①が何のためにあるのかといえば、**あなたのファンになってもらうため**です。

　これらのことを踏まえた上で、フロントエンド①とフロントエンド②の流れを考えましょう。次ページを参照し、**目的にかなったフロントエンドのプログラム**をつくってみてください。

※①の無料か、格安で開催するグループ体験レッスンの中でコース販売をすることもありますが、それは比較的コースの価格が安価な場合になります。

フロントエンドの流れ

新規のお客さまの場合

フロントエンド①
無料〜格安
グループ体験レッスン

↓

フロントエンド②
有料個別体験レッスン

↓

コース成約

既存の生徒さんの場合

フロントエンド②
有料個別体験レッスン

↓

コース成約

> 新規のお客さまの場合、**コース成約をいただくための信頼関係が不十分**なのでフロントエンドを複数にして**信頼関係を育てる**ようにする

フロントエンド①のプログラム

挨拶・今日の レッスンの目的	・自分自身の人柄や実績をアピール ・今日のレッスンで得られるものを伝え、期待感を持たせる
受講生自己紹介	好きなメニューや悩み・学びたいことなどニーズやウォンツを確認する
レシピ説明と実習	楽しんでもらいながら「他のメニューも習いたいなあ」という気持ちになるように誘導する
感想とコース紹介 フロントエンド②の予約取り	・作品を褒め、受講者からも感想をもらう ・チラシやスライドでコース紹介をする ・フロントエンド②の紹介と予約取りをする

※受講後のアンケートにご協力いただけると「**生徒さんの声**」が獲得できる。
　作品写真のSNSでのご紹介などもぜひ依頼しよう！

フロントエンド②のプログラム

挨拶・今日の レッスンの目的	・自分自身の人柄や実績をアピール ・今日のレッスンで得られるものを伝え、期待感を持たせる
受講生への質問	好きなメニューや悩み・学びたいことなどニーズやウォンツを確認する
レシピ説明と実習	楽しんでもらいながら「他のメニューも習いたいなあ」という気持ちになるように誘導する
コースレッスンのセールス	・作品を褒め、受講者からも感想をもらう ・**「コース説明を聞きますか？」と確認して、セールスを行なう**

※「受講生自己紹介」⇒「受講生への質問」に変わっていて、最後に「**コースレッスンのセールス**」が入っているのがポイント。

レッスンパンフレットをつくろう！

レッスンパンフレットとは、フロントエンド②であなたがお客さまにコースレッスンの必要性とその内容、魅力を伝えるためのセールスツールのことです。

商品の魅力を伝えるためには、お客さまにそれを**「自分事」として**イメージしていただく必要があります。その際、できるだけ**「五感に訴える」**と効果が高まります。「話を聞く」だけでなく、「写真や画像も見せる」、さらに触ったり食べたり、においを嗅ぐことができると効果的ですが、そこまでは難しくても、写真や図を見せながら、**お客さまがイメージでき、高い説得力を持つレッスンパンフレットがあるとセールスが成功しやすくなります。**

ここでは、そのレッスンパンフレットのつくり方をお教えしますので、ぜひ参考にしながらつくってみてくださいね。

※次ページの「レッスンパンフレットの構成」（サンプル）は Canva を活用してつくっていますが、Microsoft の PowerPoint でもつくりやすいと思います。対面では印刷してパンフレットとして、オンラインではスライドとして使います。

レッスンパンフレットの構成

パイマニアによるパイ好きさんのための
ホームメイドアメリカンパイを
マスターできるレッスン

①表紙

レッスンタイトルとレッスンの内容がわかるような写真やデザインを添えておきます。

他の
どの教室でも
学べない
他の
どのお店でも
食べられない

とっておきの
12種類の
アメリカンパイを
あなたに

②前書き

レッスンメニューの写真を並べたり、期待感を持たせるような画像と前書きの文章を用意しましょう。

 このコースレッスンの目的

①本格的なアメリカンパイをご家庭でも作れるようになります。

②美しく美味しいパイでご家族やお友達を喜ばせることができるようになります。（パーティーやプレゼントにぴったり）

③ケーキ屋さんでも買えないような珍しいパイを食べられるようになります。

④ご希望があれば、習ったレシピと技術をあなたの教室で商用利用できます。

アメリカでディプロマを取得した
現役パティシエール
パイマニアのまつおみかこがお教えします！

③レッスンの目的

受講すると何が得られるのか？　ということを箇条書きにしています。
ベネフィットをはっきりと伝えて、必要性を実感していただけるページです。

こんなあなたにおすすめです。

他では習えない魅力的なスイーツが習いたい	アメリカンパイが大好き！でも習えるところがない・・・	パイを作れるようになりたいけど難しそう・・・
教室をやっているけど他の教室と比べて特に強みがない	人気お菓子教室になるための大きな武器が欲しい！	素敵なスイーツを作って家族をあっと驚かせたい

④「こんな人に おすすめです」

レッスンのターゲットを箇条書きにしています。
「私のことだ！」と思ってもらうのが目的です。

このコースを受講すると・・・

受講前	受講後
他では習えない珍しいスイーツを習って家族をあっと驚かせたい	「こんなパイが作れるなんてすごい！」と驚いた家族に絶賛された。
パイ作りは難しい！でも！いろいろなパイが作れるようになりたい	大好きなパイをこんなにたくさんの種類作れるようになるなんて！感激！！
他の教室にはない強みのある教室になりたい	「他にない教室！」と評判になり生徒数が倍増した！

⑤ビフォーアフター

コース受講後に「どう変われるのか？」をわかりやすく示します。これも必要性を伝えるページです。

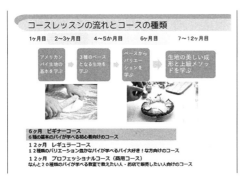

コースレッスンの流れとコースの種類

1ヶ月目　2〜3ヶ月目　4〜5か月目　6ヶ月目　7〜12ヶ月目

アメリカンパイ生地の基本を学ぶ ⇒ 3種のベースとなる生地を学ぶ ⇒ ベースからバリエーションを学ぶ ⇒ 生地の美しい成形と上級メソッドを学ぶ

6ヶ月　ビギナーコース
6種の基本のパイが学べる初心者向けのコース

12ヶ月　レギュラーコース
12種類のバリエーション豊かなパイが学べるパイ大好き！な方向けのコース

12ヶ月　プロフェッショナルコース（商用コース）
なんと20種類のパイが学べる教室で教えたい人・お店で販売したい人向けのコース

⑥レッスンスケジュール

どのようにレッスンを進めていくか、大まかなスケジュールを説明するページです。
松・竹・梅のコースも受講期間と目的をここで伝えるようにします。

3種のコース①ビギナーコースについて

半年で基本の6種類のパイが学べるコースです。

⑦コース紹介
（メニュー内容）

「どんなメニューが習えるのか？」ということを写真や説明文で伝えましょう。

※ここではビギナーコースのページのみ紹介していますが、実際には他の2コースもそれぞれ用意します。

3種のコース①ビギナーコースの魅力

⑧コース紹介
（他コースとの違い）

「私はこのコース！」と選んでいただくために、それぞれのコースのターゲットや特長を紹介します。

※ここではビギナーコースのページのみ紹介していますが、実際には他の2コースもそれぞれ用意します。

生徒さまの声

**「もうケーキ屋さんで
買う必要ないよね」って
家族に言われました！**

お店では買えないような
美味しくて本格的なパイを
毎回教えてもらえて大満足です。

家族にも
「こんなに美味しいお菓子が作れるなら
もうケーキ屋さんで買う必要ないよね」
って言われました！

京都市
山崎まゆみさん

⑨生徒さんの声

受講してくださった生徒さんの体験談を写真付きで紹介します。これも受講後の姿をイメージしてもらえるベネフィットアプローチ（必要性の確認）になります。
3〜5人の体験談を用意しましょう。

※開業初期は友人などにモニターを依頼しましょう。

よくある質問

Q1. レッスン日程があわなかったらどうしたらいいですか？
マンツーマンなので事前にご相談いただければ、振替レッスンをご用意いたします。
レッスンの一週間前までは無料でご変更可能です。（オンラインの場合は3日前まで
無料でご変更いただけます）それ以降は材料費および振替料として5,000円
いただきます。

Q2. 忙しいので今のタイミングではないかな…
お忙しい方であれば、オンラインレッスンをお勧めします。
リアルレッスンのような時間の制約もありませんし、マンツーマンですので
受講しやすい時間を設定することもできます。
レギュラーコース以上ですと動画もついていますので、夜でも朝でもご都合の良い
時間帯に復習ができます。
忙しいからといって、楽しいこと、やりたいことを諦める必要はありませんよ。

Q3. 単発レッスンはないのでしょうか？
美味しいパイ生地をマスターするためには、一度のレッスンでは残念ながら不可能です。
パイによって難易度も違いますので、コースで徐々にテクニックを上げていく必要が
あるのです。生地作りを繰り返し学ぶことで、お店に負けない美味しくて美しいパイが
作れるようになるのです。

コース料金（税込）

コース名	レッスン回数	メール相談	商用利用	受講料
プロフェッショナルコース	12回	○	○	25万円
レギュラーコース	12回	○		12万円
ビギナーコース	6回			7万円

※月々のお支払いも可能です。
　その場合決済手数料として5％いただきます。

●月●日までの申し込み特典

クリスマス特別レッスンにご招待！
8,800円（税込）相当のレッスンが無料で受講できます！

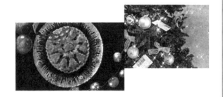

---

⑩よくある質問

お客さまから質問されそうなことをあらかじめQ&Aにしておきます。
「単発レッスンはないのですか？」「キャンセルはできますか？」などの問題にもここで答えておきます。

※ここはあらかじめ問題を解決するためのページです。

⑪コース価格（比較表）

各コースを表にしてどんなサービスが受けられるかをひと目でわかるようにしたものです。
これがあると「どのコースがよいか」、比較検討しやすく選びやすくなります。

⑫特典

レッスン申し込み特典です。申し込みを誘導するためのものなので、「○月○日までのお申し込みでプレゼント！」と期間を区切りましょう。

※高額コースになるにつれて特典を増やすのも差別化になります。

お客さまの心理に合わせた７つのセールストーク

　ここでは前項のレッスンパンフレットを使って、お客さまにセールスを行なうときに、ぜひ使ってほしいセールストークテクニックについてお伝えします。いろんなトークテクニックがありますから、状況に合わせて使ってみてくださいね。

▌テクニック①　天国トーク（ベネフィットトーク）

　レッスンを受講したら「どんなよいことがあるか？」ということを伝えるトークです。

（トーク例）

「（おいしそうなパンの写真を見せながら）こんなふわふわのパンが毎日焼けるようになりますよ」

「ママがお店に売っているようなデコレーションケーキがつくれるようになると、お子さんが大喜びですよ！」

▌テクニック②　地獄トーク

　レッスンを受講しなかったときに「どんな残念なことになるか？」ということを伝えるトークです。お客さまを「このままではダメだ！」という気持ちにさせる話をしましょう。

（トーク例）

「このままの（不健康な）献立をあと５年続けていたら、あなたとご家族の健康はどうなると思いますか？」

「いつまでもスポンジケーキの成功率が低い状態で、自信を持って教室を開業できますか？」

テクニック③　Yesを引き出すトーク

　お客さまが「はい」と答えやすい質問を続けて、**核心となる質問を**したときにも「はい」と答えてもらえるように**誘導するトーク**です。従属質問法とも呼ばれるテクニックです。

（トーク例）

あ な た：「今日のレッスンでは素敵にケーキが焼けましたね」

お客さま：「はい」

あ な た：「よかったですね！　ご家族に喜ばれますね」

お客さま：「はい」

あ な た：「○○さんの息子さんはチョコレートが大好物なんですよね？」

お客さま：「はい」

あ な た：「来月のレッスンはチョコレートケーキなんです。息子さんに喜んでいただけますね」

お客さま：「はい」

あ な た：「来月のレッスンもご予約しておかれますか？」

お客さま：「はい」

　このように「はい」を積み重ねて、「はい」と言ってもらいたい質問を最後に持っていきます。これまでの流れから、答えは「はい」になりやすいので、**承諾してもらえる確率が上がります。**

テクニック④　仮定法を使ったトーク

　仮定法とは、「もし受講したとして」という意味ですが、まるでお客さまがもうレッスンを受講することが決まったかのように話をする

ことです。そうすることによって、「受講するとどうなるのか？」ということがイメージできて、**受講することが決まったような気持ちに**なってもらえます。

（トーク例）

「このパウンドケーキのレッスンでは、お酒をブランデーかラム酒か選べますので、お好きなほうを選んでくださいね」

「この回はフルコースメニューをつくります。かなりボリュームがありますので、お腹を空かせてご参加ください。お持ち帰りを希望される場合はぜひタッパーもお持ちくださいね」

▌テクニック⑤　チャンスロス回避トーク

「○○だけの限定受付」や「○○までは特典がつきます」など、メリットが得られる機会が限られていることをアピールします。人は「損をしたくない」という気持ちを持っているので、効果を発揮することが多いトークです。

（トーク例）

「この特典は、今月お申し込みの方のみのプレゼントとなります」

「あなたで最後の一席が埋まります」

▌テクニック⑥　選んでもらうトーク

　コースを「松・竹・梅」にしたことがここで生きてきます。「買うか？買わないか？」の二択を避け、商品のバリエーションから選んでもらうトークになります。

（トーク例）

「3つのコースをご紹介しましたが、どれがよろしかったですか？」

▌テクニック⑦　祝福のトーク

「このコースにします」と選んでもらえたときに、それを肯定し、祝福するトークです。人は誰しも、自分の決断に「本当にこれでよかったのかな？」という少しの不安を抱えています。**お客さまの不安をぬ**ぐうために祝福のトークを使いましょう。

（トーク例）

「ありがとうございます！　私も○○さんには、それがピッタリだと思います！」

「そのコースを選ぶとはお目が高いですね！」

　7つのセールストークをご紹介しました。これらのトークはあらゆるセールスのシーンで役に立つトークですが、**まずはあなたがお客さまの話をしっかりと聞き、お客さまのニーズや気持ちを把握すること**が大切です。

　テクニックに頼るのではなく、**お客さまのことを第一に考えたセー**ルスを行ないましょう。

契約書・規約書をつくろう！

契約書が必要な理由

　数十万円を超えるような高額レッスンを販売する場合は、**契約書を交わしておいたほうが、あなたも生徒さんも安心できます。**契約書はインターネットで検索すると、様々なタイプのひな型が出てきますので、基本的にはそれらを参考にしながら作成するとよいと思います。

　弁護士に相談しながら作成してもらえば安心ですが、費用として数万円以上は必要になります。

　契約書をつくるには、最初に甲（お客さま）と乙（あなた）の間で**何を約束するか**を決めなければなりません。基本的な約束の内容としては以下のようになります。

①提供するサービスの内容

例：「レッスン12回」「テキスト」「メール相談無制限」など

②サービスの提供期間

例：「○○年○月から○○年○月までの○ヶ月」など

③受講のルール

例：「サブライセンスの禁止」「資料の二次利用の禁止」など

※サブライセンスとは、あなたから、あなたのレッスンの商用利用の権利を与えられた生徒さんが、さらに自身の生徒さんにまで、その商用利用の権利を与えることです。知的財産保護のため、個人教室は原則として禁止にするところが多いと考えられます。
※受講のルールが多い場合や年度によって改訂が行なわれる場合は、受講のルールのみ別紙にするのが望ましいと考えられます。

▌別紙の内容

　別紙には、①受講のルール、②特典などの年度によって変わる可能性があることをまとめましょう。

契約書の体裁

1枚の場合
署名および捺印
甲（お客さま）乙（自分）
それぞれ署名し印鑑を押します。

2〜3枚の場合
契約書を重ねて**割印**を
押します。ページ数を勝手に
増やすなどの改ざんを防ぎます。

4枚以上の場合
製本を行ない、製本テープと表紙の境目、
そしてページの境目に**契印**を押します。

実践編 6 決済システムを導入しよう！

▌複数の決済方法を用意しよう

　お客さまから受講料をいただくとき、**決済方法が複数あると便利**です。代表的な方法は銀行振込ですが、インターネットでの決済ができない銀行もありますし、導入していないお客さまもいます。また、月払いや分割でのお支払いの場合、自動での引き落としができません。クレジットカード決済であれば、インターネット決済や分割払いも可能です。とはいうものの**クレジットカードの決済代行会社は店舗のない個人事業主ではまず審査に通りません**。教室の先生がクレジットカード決済を使える方法は限られています。

▌個人事業主でも導入しやすいPayPal（ペイパル）

　PayPal（ペイパル）というクレジットカード決済が使える決済代行システムがあります。ペイパルはアメリカの会社ですが、日本はシンガポール法人の管轄になります。**個人事業主でも比較的容易に導入することができます**。詳細は次ページにまとめますが、「購読」という支払い方法を使って**分割払いにも対応**できます。

▌BASEやペライチなどのショップの決済システムを使う

　一括の支払いであれば、BASEやペライチのショップ機能を使って決済をすることも可能です。**会社によって使えるクレジットカードの種類や決済方法（コンビニ決済・Amazon Payなど）が違います**ので、比較検討してよいシステムを選びましょう。

分割払いに対応！　決済代行サービスPayPal

ペイパルを利用するには「ビジネスアカウント」を開設しましょう。
ペイパルを通じてクレジットカードやデビットカードでの
お支払いを受けることができ、**分割払い**にも対応することができます。

ペイパルの導入手順

① メール
アドレス
認証

② 事業者名
の登録

③ 本人確認
手続き

④ 暗証番号
の入力

⑤ 銀行口座
の登録

A

マイナンバーが記載された書類
マイナンバーカード／住民票の写し
住民票記載事項証明書
（6ヶ月以内に発行されたもの）

※住民票コードと本籍は黒塗りして提出

③の本人確認書類
として **A** と **B** から
各1種類ずつ必要

B

日本国籍を持つ人
パスポート／運転免許証／健康保険証
／介護保険証／障害者手帳

④は暗証番号が**郵送**で送られてくる
のでそれまで待ち時間がかかる。

ペイパルの手数料

売上代金を受け取る際と
銀行への資金の移動の際に手数料が必要。
①決済代行手数料（日本国内）売上の3.6％＋40円
②送金手数料　5万円未満250円　5万円以上無料

ペイパルで分割払いを設定するには

「PayPalボタン」という機能から**「購読」**を設定する。
① 「サイクルごとの請求額」（1回の請求額）を入力
② 「請求サイクル」（毎月の場合は「1ヶ月」に）設定
③ 「購入サイクルを何回で終了しますか？」（分割回数）を
　　設定することで分割払いを実行することができる（設定で
　　きる回数は最大30回）。

※これらの情報は2022年8月現在のものです。正確な情報はPayPalのホームページでご確認ください。

終 章

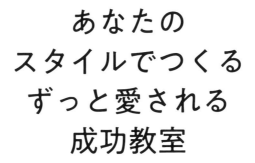

あなたの
スタイルでつくる
ずっと愛される
成功教室

「成功教室」ってどんな教室？

▍ビジネスとしての成功を得る

「成功」の定義は人によって違うものかもしれませんが、ビジネスにおいては、やはり**「十分な収益を得ることができている」**という状態でしょう。会社員を辞めて教室の先生になるという道を選んだのなら、**会社員時代と同等以上の収益**はほしいものです。また、会社員としての安定した収入を手放して教室の先生という道を選んだのなら、**会社員時代には得られなかったもの**を得たいですよね。

▍あなた自身の成功教室とは？

「成功教室」とは、**「お金の面でも心の面でも自分の希望を叶えることができている教室」**のことではないでしょうか？

お金の面……「自立できる十分な収益」「事業を拡大できるほどの利益を出せている」など。

心の面……「常に満席の人気教室」「生徒さんに喜んでもらえている実感がある」「世間からの高い評価」など。

あなたが、ここに書かれていることをすべて満たす教室になれたら、あなたの教室が成功していることを疑う人はいなくなるでしょう。ここに「あなた自身の成功の条件」を追加して、自他ともに認められる成功教室になりましょう。

「あなた自身の成功の条件」とは、あなたが持つ夢のことです。たとえば「自分のアトリエを持つ」「カフェを併設した教室にする」「レシピ本を出版する」などの、あなたならではの夢ですね。

成功教室とは？

お金の面でも心の面でも、自分の希望を叶えることができている教室

お金の面	・自立できる十分な収益 ・事業を拡大できるほどの利益を出せている　など
心の面	・常に満席の人気教室 ・生徒さんに喜んでもらえている実感がある ・世間からの高い評価を得ている ・好きなことで仕事ができている　など
あなた自身の 成功の条件	

あなた自身の成功の条件を書き加えてこの表を完成させましょう。

「生徒さんを幸せにしたい」
その気持ちが本物ならば……

▌何よりも大切なのは教室の存続

　ほとんどの教室の先生が「生徒さんを幸せにしたい」「私のレッスンで喜んでもらいたい」と考えています。あなたもきっと同じだと思います。あなたのその気持ちが本物ならば、**何よりも優先しなければならないことがあります**。それは、「教室の存続」です。

　教室がなくなってしまったら、あなたが生徒さんにレッスンの喜びを提供することはできなくなります。もし、あなたがまだ自分の教室を開業していないのであれば、まずは開業して初めて、その気持ちを形にすることができるでしょう。

▌生徒さんはプロの先生から習いたい

　教室の存続のためには利益を出さなければなりません。教室の先生は、自分の好きなことを仕事にしている人が多く、「稼ぎたい」という気持ちよりも「楽しければよい」という気持ちのほうが強い人が多いかもしれません。しかし「楽しければよい」という教室運営は**趣味の領域**ですよね。では、生徒さん側の視点で考えてみましょう。「楽しければよい」という先生と、「プロとしてきちんと稼ぎ、責任を持ってレッスンを開催している」という先生では、どちらの先生から習いたいですか？　お金を払う以上、趣味でやっている先生よりもプロ意識の高い先生から習いたいと思うのではないでしょうか？　生徒さんを幸せにしたいという気持ちが本物なら**プロ意識を持って教室を運営する必要がありますね**。

まずは存続すること！
存続してこそ生徒さんの期待に応えられる

私が起業塾（「花開くアカデミー」の前身）に注力するため、
お菓子教室を閉めることにしたとき、生徒さんからは
「毎月の癒しがなくなってしまう」
「来月からどこに習いに行けばいいの？」
と惜しむ声をいただきました。

「あなたの教室がなくなる」ということは、
生徒さんにとっては
「楽しみがなくなってしまう」
ということなのです。

プロだから
楽しいだけでなく、
**きちんと稼いで
責任を持って**
レッスンをしましょう！

存続するためには**利益**が必要。
利益を得るためには**プロ意識**が必要。

「教室の先生」は
何歳からでもはじめられて
一生続けられる仕事

▌自分で自分の人生を切り拓く

　教室の先生になるのに資格は必要ありません。また、何歳ならできる、できないという年齢制限もありません。だから定年もありません。あなたが「やる」と決めた瞬間からその仕事をスタートすることができますし、あなたが「やめる」と決めるまでは、一生、教室の先生でいることができます。**自分で自分の人生を切り拓くのにふさわしい仕事**だと思いませんか？

▌あなたのやる気と行動だけが可能性を広げてくれる

　教室の先生は、ある程度の技術や知識は必要ですが、**誰にでもできる仕事**です。そして、**大きな可能性を秘めたやりがいのある仕事**でもあります。私の「花開くアカデミー」で学ぶ教室業の先生たちの中には、月商100万円を超える売上を達成し、大人気で雑誌やテレビなどのメディアにも取り上げられ、憧れられている方々もいます。そうなれる可能性は誰にでもあります。資格も年齢も関係ありません。**あなたの「やる気」と「行動」だけが、可能性をどこまでも広げてくれる**のです。

　私は45歳のときにお菓子教室をスタートし、1年以上も集客できない売上ゼロの状態で、「どうすればいいんだろう？」と日々悩んでいましたが、その後、自宅教室にのべ1,000人以上集客し、現在は教室業の先生を指導するアカデミーの校長となっています。

　あなたにもできます。**できると信じて行動すること**が大切です。

自分のやる気と行動次第でスタートできる！

> お菓子・パン・料理教室の先生は
> 誰にでもはじめられる仕事
> そして、何歳になっても続けられる仕事

だからこそ、難しい部分もありますが、
それをクリアできるのはあなたの「**やる気**」と「**行動**」です。

私は45歳で自宅教室を
スタートしました。
そして1,000人の集客も
月商100万円も達成しました。
年齢ではありません。
できると信じて
行動しましょう！

あなたの教室の未来は
あなたが決める！

目的地のない旅はどこにもたどり着けない旅

あなたは来年、どんな教室の先生になっていたいと考えています
か？ 「こうしたい」「こうなりたい」という将来の展望はあります
か？ もし、まだないというのであれば、**自分の教室の将来の展望を
描き、目標を持ちましょう**。なぜなら、将来の展望とは目的地のこと
です。目標とはそこにたどり着くまでの経由地です。**目的地のない旅
は「どこにもたどり着けない旅」**だからです。

抽象的な展望を具体化して未来を決めよう！

抽象的でかまいません。あなたがなりたい、理想の姿を描いてくだ
さい。たとえば「質のよいインテリアに囲まれた広々とした素敵な教
室で、笑顔でレッスンを開催している。そこには10人の生徒さんが楽
しそうにあなたのレッスンを受けている。そして、熱心なアシスタン
トが、生徒さんの手元をしっかりと見て補助してくれている。本棚に
はあなたのレシピ本が数冊並んでいて、購入した生徒さんからはサイ
ンを求められることもある……」というような姿です。

あなたの理想の姿を描けたら、「いつまでにその姿になっていたい
のか？」を決め、「どれくらいの集客や収益でその姿が実現できるの
か？」を計算しましょう。そうすることで、**今するべきことが具体的
になり、目標が定まります**。

成り行き任せにせず、あなたの教室の行き先（未来）はあなたが決
めましょう。

抽象的な将来の展望を実現するための具体化ワーク

お手本を参考にしながら将来の展望を書いてみよう！

どんな教室に なりたいか？ （抽象的な姿）	・レッスンを開催できるアトリエを持ちたい ・カフェスペースを併設して手づくりのお菓子と自家焙煎の 　コーヒーを提供したい ・退職した夫とカフェをやりながら教室を運営したい ・レシピ本を出したい			
	お金は？	生徒数は？	能力は？	その他の条件は？
なりたい姿に なるために 何が必要か？	1,500 万円	50人	コーヒーの焙煎 と淹れ方の 知識と技術	高額コース レッスンを販売 できる教室になる
それをいつまで に達成するか？ （年月日）	2027年 12月31日	2023年 7月1日	2023年 7月1日	2022年 12月31日

5年後に開業する資金としてこれだけ用意する！
そのために高価格帯のコースレッスンをつくったり
生徒数を増やすことが必要だとわかった

あなたの将来の展望

どんな教室に なりたいか？ （抽象的な姿）				
	お金は？	生徒数は？	能力は？	その他の条件は？
なりたい姿に なるために 何が必要か？				
それをいつまで に達成するか？ （年月日）				

ずっと愛される
成功教室になるために

▌ミッションを実現するために仕事をしている

　ずっと愛される成功教室になるためには、**教室の存続**が必要です。集客できて長く存続できる教室になるためには、**プロであること**が大切です。プロとは開催するレッスンに見合った対価としてふさわしいレッスン料をもらえる先生のことです。

　そして、不思議なことですが、人より稼いでいる教室の先生は、稼ぐために今の仕事をしているのではありません。「**自分のレッスンを通じて幸せな人を増やしたい**」、そんなミッションを実現するために仕事をしているのです。

▌追い続けるだけの価値のあるミッションを掲げよう！

　実は「お金を稼ぎたい」というだけでは、ビジネスはうまくいきません。一時的に集客できたとしても、つらいことや大変なことがあってつまづいたときに、努力を継続する意欲がなくなってしまいます。自分の人生をかけて成し遂げたいミッション。それは大げさなものである必要はありません。「**私のレッスンを受講する生徒さんに100％満足してもらうこと**」だったり、「**私の生徒さん全員においしい！と喜んでもらえるメニューを毎回提供すること**」でもかまいません。集客数や売上はそれがどれくらい達成できたかのひとつの指標です。

　あなたと生徒さんにとって価値のあるミッションを掲げ、それを追い続けましょう。ずっと愛される成功教室になるために。

あなたの「ミッション」は何ですか？

私のレッスンを
受講する生徒さんに
100%満足して
もらうこと！

自分の
レッスンを通じて
幸せな人を
増やしたい！

あなたと生徒さんにとって
価値のあるミッションを掲げ
それを追い続けましょう。

ずっと愛される
成功教室になるために。

おわりに

　最後まで読んでくださり、本当にありがとうございました。

　私がお菓子教室をやろうと決意して、最初のレッスンを開催したときは、すでに45歳になっていました。本書を書き上げた今日の私は53歳。この8年は長いような、あっという間のような道のりでしたが、あのときお菓子教室の道を選んで本当によかったと思っています。

　手探りではじめた起業、振り返ってみると、私はいつも誰かに助けられていました。つらいこともたくさんありましたが、それもずっとは続きませんでした。いつかは夜が明けるように、難しいことも、大変なことも、皆さまに支えられながら切り抜けることができました。私を支えてくれたすべての方に感謝の気持ちでいっぱいです。

　本書は、私と同じように教室開業に夢を持ち、歩み出したあなた、あるいはこれから歩み出そうとしているあなたに、これまでお世話になった方にご恩を返すような気持ちで書きました。

　この本が、少しでもあなたの助けになりますように！

　書きはじめてから約3ヶ月、書くたびに「もっと書きたい！」「もっと私の知っていることを伝えたい！」「もっと役に立つことがあるのに！」という気持ちになりました。気がつくと当初予定していたページ数を大幅に上まわっていて、「書きすぎてしまった！」と反省しましたが、考えてみたら、私が「花開くアカデミー」で教えていることのエッセンスをお伝えしようとしているのですから、膨大な量になっても不思議はないのですよね。

　本書を執筆している間に、アカデミーでは次々と、教室の先生方が月商100万円を達成されました。コースレッスンの成約をいただいたことのなかった新人の先生方にも、全員コースレッスンのお申し込みが入りました。やはり教室業は稼げる仕事なのです。そして、それは

「一部の人にしかできない」というものではありません。

　教室業で夢をかなえたいあなたへ。

「やる」と決めてください。すべてはそこからです。

　本書も「出版する」と私が決めたところから、いろいろなご縁がつながって出版できる運びとなりました。決めないところからは何もはじまりません。

　そして、本書でお伝えした具体策を、ひとつでもふたつでも実践してみてください。そのことによって、あなたやあなたの教室は一歩また一歩と前に進み、成長することができます。

　あなたの成功と、あなたが教室運営によってたくさんの喜びや幸せを得られることを心より祈っています。

　本書の執筆と出版にあたり、多大なるご協力をくださった株式会社アイ・コミュニケーション代表取締役の平野友朗先生、編集をご担当くださった同文舘出版株式会社の津川雅代さま、ありがとうございます。

　私が「書籍を出版したい！」と宣言してから、ほぼ半年でここまで来ることができたのは、まずは平野先生のご指導あってのことです。そして「よい本を出しましょう！」「編集会議で強く押します！」とご尽力くださった津川さまとの出会いで、本書は出版に向けて動きはじめました。

　そして、はちやひろみ副校長をはじめとする「花開くアカデミー」のスタッフとアカデミー生さんたち、私を支えてくれるビジネスパートナーであり、私のやる気の原動力でもあります。皆さまが頑張っておられるから、私も頑張れるのだと思っております。

　本書のインタビューにご協力をくださった教室の先生方、本当にありがとうございます。これほどたくさんの方々が、この本のためにご

協力くださったことは、最上の幸せです。感謝しております。

　常に私を見守り、応援してくれる夫、父、母、妹にも感謝を込めて。家族の存在がなければ、私の存在もありません。本当にありがとうございます。

　そして、本書をお読みくださったあなたに、心よりお礼申し上げます。本当にありがとうございました。

　2022年9月　　　　　　　「花開くアカデミー」まつおみかこ

Special Thanks
Part 1

**本書を制作するにあたり、
インタビューや写真提供を快く受けてくださった
教室の先生方**

はかりのいらないお菓子教室　happy sweets studio　パティシエール有希乃先生

芦屋のパン教室　A MERRY（アメリー）　池田京子先生

アトリエ・ドゥスール　青山由美先生

酒種×グルテンフリー®米粉パン教室　furali　吉村めぐみ先生

マダム詩子の英国ラグジュアリーアフタヌーンティーレッスン　タナー詩子先生

サイエンスお菓子教室　半田久美先生

お菓子専門ラッピングスクール　wrapped（ラップト）　内野未紗先生

酒種酵母専門パン教室　miette d'or（ミエットドール）　庄原清香先生

ベジフルラボ　旬の野菜とフルーツ専門料理教室　松浦真央先生

常識に縛られない創作おはぎ専門教室　ふうのおはぎ　川口登志子先生

シフォンケーキ教室　モーニング・シフォン　松本玲沙先生

アトリエMOCHIKO　楠本香代子（モチコ）先生

ふわり薬膳　曽谷由佳先生

ボンボンシエルアカデミー　岡本由美先生

デザートパレット®　ながのゆうほ先生

Special Thanks
Part 2

**本書を制作するにあたり、インタビュー・写真提供など
快く受けてくださった教室の先生方**

shino'sパン工房　青木裕代(shino)先生
ブログ：https://ameblo.jp/shinopan1209

アイシングクッキー教室プライベートバリ　矢崎心晴先生
HP：https://private-bali.com

メルヘンスイーツスクール「プティフール」　北野麻紀子先生
HP：https://peraichi.com/landing_pages/view/petitfour01

花*ゆめ Phtogenic Salon　安江伊都子先生
HP：https://peraichi.com/landing_pages/view/hanayumeclub

センスアップ料理教室協会　貞本紘子先生
ブログ：https://ameblo.jp/colette-cooking

お菓子工房かわい　川合陽先生
HP：https://masaokoubou.com

太らないイタリアン〜ゆる腸活イタリア料理教室ARCO　泉憲子先生
リンクまとめサイト：https://knoow.jp/@/ARCO

LaVarie(morinochaya)　森野恵子先生
HP：https://www.morinochaya.com

お菓子教室 Le cadeau(ルキャド)　佐藤なおこ先生
Instagram：https://www.instagram.com/naoko.roll

飾り巻き寿司教室えのわ　風巻えのわ先生
Instagram：https://www.instagram.com/kazarimaki_enowa

開運金運コンサルタント　竹村明子先生
Facebook：https://www.facebook.com/profile.php?id=100052251818599

いつもアカデミーを支えてくださるパートナーの先生方

パーチメントクラフト教室　パピエジョリ　藤田博美先生
HP：https://www.papierjoli.com

ミラクルストーン　皆かわさとみ先生
Lit.Link：https://lit.link/satomi3103minakawa

花開くアカデミー　副校長　はちやひろみ先生

女性専用のオンラインビジネススクール
「花開くアカデミー」
https://jyoseikaika.com/

［Profile］
「花開くアカデミー」は、2021年1月27日、校長まつおみかこと副校長はちやひろみにより設立されました。前身の「まつお塾」時代からの生徒数は150名を超えました（2022年8月現在）。

女性の
パワーと**魅力**と**運命**を
開花させる
花開くアカデミー

❀ アカデミー生に月商100万円達成や稼げる先生が多い理由

校長まつおによる「その人だけのほかにない商品づくり」、副校長はちやによる「ビジネスマインドサポート」、そして「WEB集客とセールスの実践プログラム」が備わっているからです。

❀ 教室業のサポートに強い理由

校長まつおは元お菓子教室経営者であり、試行錯誤しながら人気教室への道を歩んできた経験があります。まつおは製菓衛生師でもあり、食生活管理士、また前職で健康食品の開発と販売にも関わっていたため、料理系教室の商品づくりが得意であるという強みもあります。

❀ 「花開くアカデミー」のミッション

「一人ひとりのアカデミー生とアカデミーの夢の実現のためにベストを尽くすこと！」。これが未来永劫変わらぬ「花開くアカデミー」のミッションです。

❀ 「花開くアカデミー」の意味

「花開く」＝「女性のパワーと魅力と運命が開花する」ことを意味します。シンボルマークであるアシンメトリーな花のデザインは「桜（精神の美）」と「紫の菊（夢かなう）」の花言葉からつくられています。

著者からのお知らせ　読者特典

本書をお買い上げの方全員に、**3つの特典**をプレゼント！

① 著者がお菓子教室時代に全レッスン満席になった！パウンドケーキレッスンの秘伝の書(リメイク版)

この秘伝の書がほしくてレッスンを受ける生徒さまも……。
「理想のパウンドケーキ」と多くの受講生に言わしめたパウンドケーキの秘密がわかります！

② 月商100万円達成のアカデミー生が語る！「花開くアカデミー」のサポートの秘密(動画)

大人気シフォンケーキ教室「モーニング・シフォン」の松本玲沙先生がインタビュー形式で語ります。
ひと月で売上が目標の倍になった理由は？

③ もうビジネス書は必要ない！ 1日3分聞くだけ！ でビジネス脳になれるボイスメルマガ

成功者に必要なのはビジネス脳！150人以上を指導する中で発見した事実です。
ビジネス書を読まなくても、「ながらレッスン」でビジネス脳になれる「花開くアカデミー」オリジナルのメールマガジンです。

特典はすべて、こちらのQRコードからお受け取りください。

著者略歴

まつお みかこ（松尾 美佳子）

株式会社女性開花社 代表取締役社長／「花開くアカデミー」校長／月商 100 万プロデューサー
1969 年 7 月 16 日、大阪府豊中市生まれ。化粧品会社営業、結婚情報サービスアドバイザー、雑貨
販売、パティシエールなど、様々な職業を経て 45 歳で自宅お菓子教室を開業。アメリカンスタイル
のアップルパイレッスンやメソッドに特化したパウンドケーキレッスン、カラフルなレインボーケ
ーキレッスンなど、企画力に優れたレッスンで、日本全国、海外からも生徒が通う人気教室となる。
49 歳でお菓子教室に特化した起業塾を開業。起業塾の成長とともに 51 歳で株式会社女性開花社「花
開くアカデミー」を設立。営業職時代に培ったマーケティングスキルとセールススキル、パティシ
エール時代に取得した製菓衛生師と食生活管理士の知識に加えて、自分自身の教室運営の経験から
数々の人気教室を育てる。
これまで「趣味の延長線上のビジネス」「稼げないのが常識」と思われていた教室業で、この 3 年間
に 40 人以上の講師を月商 100 万円超に導いている。
「花開くアカデミー」のミッションは、「一人ひとりのアカデミー生とアカデミーの夢の実現のため
にベストを尽くすこと！」。まつおみかこの使命は、「キラキラ輝く成功者である女性起業家を増や
すことにより、女性の自立を助け、世の中に貢献すること」であると考えている。

リアルでもオンラインでも選ばれて稼ぐ！
お菓子・パン・料理教室のつくり方

2022 年 10 月 4 日初版発行

著　者 —— まつお みかこ

発行者 —— 中島治久

発行所 —— 同文舘出版株式会社

　　　　　東京都千代田区神田神保町 1-41　〒 101-0051
　　　　　電話　営業 03（3294）1801　編集 03（3294）1802
　　　　　振替 00100-8-42935
　　　　　https://www.dobunkan.co.jp

©M.Matsuo　　　　　　　　　　　　ISBN978-4-495-54122-4
印刷／製本：萩原印刷　　　　　　　Printed in Japan 2022

JCOPY ＜出版者著作権管理機構 委託出版物＞

本書の無断複製は著作権法上での例外を除き禁じられています。複製される場合は、そのつど事
前に、出版者著作権管理機構（電話 03-5244-5088、FAX 03-5244-5089、e-mail: info@jcopy.
or.jp）の許諾を得てください。

仕事・生き方・情報を サポートするシリーズ

あなたのやる気に1冊の自己投資！

マイペースで働く！
女子のひとり起業

滝岡 幸子 著／本体1,540円（税込）

女性の強み「コミュニケーション力」「生活者目線」「柔軟性」「マルチタスク力」「身の丈思考」を活かして、自分らしいライフスタイルをつくれるのが「ひとり起業」。仕事も家庭も両立させる働き方。

はじめよう！
自分サイズのカフェ

Cafe's LIFE著　野田 貴之 監修／定価2,090円（税込）

人に、街に、長く愛されるカフェ開業の教科書。人気カフェオーナーが講師を務めるスクールの実際の授業をもとに、100店舗を超えるカフェのリアルな開業・経営ノウハウを凝縮。

小さな人気店をつくる！
移動販売のはじめ方

平山 晋 著／定価1,760円（税込）

オフィス街、商業施設、イベント会場、地域のお祭りなど、今、移動販売はさまざまな場所で活躍中。絶対単品＝自慢の一品を、キッチンカーという相棒と自由に売っていけるのが移動販売！

同文舘出版